保険会社では絶対に教えてくれない

生命保険の原価

荻原博子

はじめに

自分が払っている保険料は、どのように使われるのだろう？

自分が支払っている生命保険の保険料は、どのように使われているのだろう。

そんな、ごく素朴な疑問から、加入している生命保険会社に、保険の保障部分と経費部分の割合を問い合わせたら、それは企業秘密なので教えられないと言われました。

そう言われると、ますます知りたくなるへそ曲がりな性格なので、社団法人日本アクチュアリー会に行って、死亡保険料算出のモトになる〝生命表〟と、保険料の計算方法がわかる『保険』という本を買い、自分の保険料の計算をはじめました。

それが、本書を書き始めるきっかけとなりました。

それまで、秘密事項と思っていた生命保険料算出のもととなるデータや計算方法が、実は誰でも簡単に手にすることができることに驚いたと同時に、このデータや計算方法で計算した保険料を見て、はじめて、私は、自分がどういう保険に加入しているのか理解しました。保険料算出の根拠がはっきりとわかり、モヤモヤした目の前の霧が晴れた気がしました。

多くの人が加入する保険というシステムを安定的に運営していくためには、さまざまな経費がかかります。それが積み重なると、払った保険料の半分以上が経費で消えるというケースだって出てきます。

「払った保険料の半分以上が経費で消える」と言われたら驚くでしょうが、ただ、この経費のなかには、自分が無知なために払わなくてはいけないコンサルティング料や、本来ならば自分で負担しなくてはいけない保険料の振込料金、必ずかかる郵便代なども含まれているのです。保険の保障だけでなく、こうしたものすべてをひっくるめて、私たちは、保険料というかたちで保険会社に多額のお金を支払っているのです。

これを、安いと思うか高いと思うかは、それぞれの価値観でしょう。ただ、それ以前に、安いとも高いとも言えず、保険に対する価値観も持てない人が大多数というのが、今の生命保険の現状ではないでしょうか。

実際には、この1年の間に、生命保険業界は、すさまじい勢いで価格競争になだれ込んでいます。しかも、この価格競争の流れは、今後さらに加速し、各社とも身を削って、第二、第三の価格競争に備えています。そうしたなかでは、本書で取り上げた基本的な生命保険の数字は、最先端を走る保険会社にとっては、すでに当てはまらないものだとお叱りを受けるかもしれません。

けれど、価格競争が進めば進むほど、保険の基本を知ることは大事になると、私は思います。基本がなければ、新しく出てくる保険の善し悪しの判断もできないからです。

簡易保険では、保険料の保障と経費の内訳は公表されていますし、個人の問い合わせにも答えてくれます。損害保険でも、損害率が情報公開されているので、おおよその経費と保障の割合についてはわかります。

けれど、生命保険は、まだ、こうした部分は、企業（業界？）秘密ということになっているようです。

生命保険は、私たちの生活になくてはならないものです。特に、貯蓄余力のない家庭には、イザというときのリスクヘッジ商品です。それだけに、その成り立ちを、ひとりでも多くの人に理解してもらうための情報公開が急がれるのではないかと思います。

出版にあたっては、ダイヤモンド社の大曽根薫さんほか多くの方の尽力に、心からお礼申し上げます。

2000年6月

荻原　博子

生命保険の原価

目次

② 「命の値段」が３０００万円は、安すぎる？……28
▼生命保険の保険金額は、「命の値段」ではありません。

③ 生命保険って、漠然としていてわかりにくいのですが？……33
▼義理、人情の世界のような気がする生命保険は、実はシビアな数字の世界です。

④ 保険料に占める〝原価〟の割合は、どのくらい？……37
▼保障の内容や男女差、保険期間の長い、短いなどで変わってきます。

⑤ 生命保険って、何を売る商品なの？……46
▼生命保険は、「イザというときの保障」を商品化して売っています。

⑥ 生命保険の〝原価〟は、企業秘密なの？……52
▼誰でも知ることができるものは、企業秘密ではありません。

⑦ 生命保険の〝原価〟は、誰でも計算できるものなの？……57
▼かなり面倒ではありますが、計算できないことはないでしょう。

第2章　誰でもわかる、生命保険の価格構成

⑧ **保険料（営業保険料）とは、どういうものなのだろう？**……64

▼保険料は、保障（純保険料）と経費（付加保険料）で成り立っています。

⑨ **保険料の保障（純保険料）と経費（付加保険料）の内訳は、どうなっているの？**……71

▼年齢、扱う手間のかかり具合などで、保障と経費の割合はケース・バイ・ケース。

⑩ **定期保険と終身保険、どちらが経費が安く済むの？**……74

▼比率はかなり違って見えますが、結局、同じくらいの経費を払うことになります。

⑪ **同じ保険なら、年が若いほうが経費率が上がるの？**……78

▼同じ保障をするにも、若いと保険料が安いぶん、経費の割合は高くなります。

第3章　生命保険の経費は、いくらかかる？

⑫ 経費（付加保険料）にまわる保険料は、どんなところに使われるのだろう？……84

▼経費は、契約を取るための費用、保険を維持するための費用、集金の費用などに使われます。

⑬ 保険を獲得するための経費は、どのくらいかかるの？……89

▼会社にもよりますが、保険金に比例させているところが多いようです。

⑭ 保険を維持・管理するための経費は、どのくらいかかるの？……94

▼会社にもよりますが、保険金に比例させているところが多いようです。

⑮ 保険料を集金するための経費は、どのくらいかかるの？……97

▼会社にもよりますが、保険料に比例させているところが多いようです。

⑯ 保険の経費を圧縮すると、保険料は最大どれくらい安くなりますか？……100

▼商品によっても違いますが、最大で3割くらいの差は出ます。

第4章　保険の〝保障〟とは、どんなもの？

17　保障（純保険料）にまわる保険料は、どんなところに使われるのだろう？……104
▼〝死んだときの保障〟〝病気のときの保障〟〝貯蓄としての保障〟に振り分けられます。

18　〝死んだときの保障〟とは、どういうものだろう？……110
▼1人が全員、全員が1人のためにお金を出す相互扶助の精神で成り立つ保障です。

19　死亡率は、どうやって出すのですか？……114
▼偶然に思える〝死〟も、データで見ると一定の確率が見えてきます（大数の法則）。

20　私たちは、どれだけ生きられるのでしょう？……118
▼生と死はコインの裏表、死亡率や生存率から平均の寿命が計算できます。

21　死亡保障を買うための金額は、どうやって計算するの？（自然保険料）……123
▼同年齢のグループ内で、死亡する確率から計算されます。

㉒ 年齢が上がっても、一定期間は保険料が上がらないのはどうして？……128
▼毎年保険料が変わると面倒なので、一定期間は均一にしてあるのです（平準保険料）。
㉓ 病気のときの保障とは、どんなものだろう？……132
▼厚生省の患者調査をはじめとした医療データから算出されます。
㉔ 貯蓄としての保障とは、どんなものなのだろう？……138
▼加入時に決まった運用利回り（予定利率）を約束したものです。
㉕ 予定利率は、加入している間に変わるのですか？……145
▼いったん加入したら保険の予定利率は加入時の契約のままです。

第5章 生命保険が安くなる5つのパターン

㉖ 保険料が安い生命保険ができていますが、どういうことでしょう？……150
▼安い保険には、理由があります。理由もないのに、安くなることはありません。

27 **最初から配当がない契約だと、なぜ保険料が安くなるの？**……154
▼配当相当分を最初に保険料から控除しているからです。

28 **通信販売などを利用すると、どうして保険料が安くなるの？**……159
▼保険を募集するときの経費が少なくて済むので、そのぶん安くなります。

29 **なぜ、たばこを吸わなければ、保険料が安くなるの？**……163
▼たばこを吸わない人だけのグループなら、死亡確率もそれだけ低くなるからです。

30 **大型保険に入ったり、長く続ける人は、保険料が安くなるってホント？**……167
▼優良な顧客には、生命保険会社もサービスするようになりました。

31 **解約しないだけで、保険料は安くなるのですか？**……171
▼条件変更で、そのぶん保険会社のリスクがなくなれば、保険料下げにつながります。

第6章 生命保険クイズ、正解はコレ

Q1 生命保険は、若いうちに加入したほうが、保険料が安くてトク？……178
▼若い人は、高齢者よりも死ぬ確率が低いので、そのぶん保険料が安くなるだけ。

Q2 掛け捨ての保険はもったいない？……183
▼保険の基本は、掛け捨てです。予定利率の低い今は、むしろ掛け捨てのほうがいい！

Q3 同じ保険なら、長期と短期、どちらがおトク？……188
▼保険料だけなら長期がトクでも、無駄なく保険に入るなら短期がいい。

Q4 医療の保障は、特約でつける？ それとも医療保険に加入したほうがいい？……193
▼主契約がしっかりあるなら特約で、それ以外なら医療保険でカバーする。

Q5 会社で加入する保険は、なぜ同じ保障なのに保険料が安いの？……198
▼会社の保険では、保険募集のための費用がかからないからです。

Q6 病気を隠して加入すると、なぜ保険料が支払われなくなるの？……202
▼加入時の健康状態には、正直に自己申告する告知義務があるからです。

Q7 老後資金は、個人年金がいい？ それとも現金で貯める？……206
▼予定利率が低い今は、個人年金に入るより現金貯蓄が有利でしょう。

Q8 まとめ払いするほど保険料が安くなるのはなぜ？……210
▼まとめ払いほど、銀行口座引き落としの手数料や取り扱いの経費が少なくて済むからです。

Q9 保険を途中で解約するとソンなの？……215
▼最初のうちは、払った保険料の多くが掛け捨て部分にまわされるからです。

Q10 新聞などで保険の転換を悪者扱いするのはなぜ？……220
▼知らずに転換させられ、高い予定利率が低くなってしまうケースが続出したからです。

Q11 保険料を払えないときでも、保険を解約しないで済む方法はある？……224
▼貯蓄性のある保険に加入しているなら、3つの方法があります。

Q12
どうして、配当が出ない保険が出てくるの？……228
▼高い予定利率の保険では、実際の運用が予定利率に追いつかず、配当が出ないのです。

あなたの家族の生命保険をチェックしてみよう……232

参考資料……234

ブックデザイン／和田早苗（アートオフィス・プリズム）
イラストレーション／あさみかよこ
撮影／原　繁

生命保険クイズ

あなたは、何問答えられますか？

↓このクイズの答えは、第6章にあります。

Q1

生命保険は、
若いうちに加入した
ほうが、保険料が
安くてトク？

Q2

掛け捨ての保険は
もったいない？

Q3

同じ保険なら、
長期と短期、
どちらがおトク？

答えは178ページ〜192ページ

Q4

医療の保障は、
特約でつける？
それとも医療保険に
加入したほうがいい？

Q5

会社で加入する
保険は、なぜ同じ
保障なのに
保険料が安いの？

Q6

病気を隠して
加入すると、
なぜ保険料が
支払われなくなるの？

答えは193ページ～205ページ

Q7

老後資金は、
個人年金がいい？
それとも
現金で貯める？

Q8

まとめ払いするほど
保険料が
安くなるのは
なぜ？

Q9

保険を
途中で解約すると
ソンなの？

答えは206ページ～219ページ

Q10
新聞などで
保険の転換を
悪者扱いするのは
なぜ？

Q11
保険料を払えない
ときでも、
保険を解約しないで
済む方法はある？

Q12
どうして、
配当が出ない
保険が
出てくるの？

答えは220ページ～231ページ

第1章

この章のポイント

生命保険にも〝原価〟がある

「家族の幸せ」なんていうCMを見ると、生命保険に加入していれば、いつまでも家族が死なずに幸せでいられるような錯覚に陥ってしまいそう。

ただ、生命保険とはイメージ商品ではなく、
実は、シビアな数字で計算しつくされた商品なのです。

ふつうの人にはわかりにくいですが、

〝原価〟もあれば、経費も上乗せされています。

そして、〝原価〟は企業秘密扱いされていますが、
おおよそは計算できるもの。

納得したうえで生命保険に加入するためにも、

〝原価〟や経費を理解しておきたいものです。

1

生命保険に入っていれば、それだけで安心？

▼人生には、いろいろなリスクがあり、保険以外にもさまざまなリスクヘッジが必要です。

「家族の幸せ」「家族の安心」。そんなＣＭを見ながら、生命保険に加入していれば、いつまでも家族が健康で、不幸な目にあわなくて済むという幻想を抱いている人は、たくさんいるのではないかと思います。

でも、本当に、そうでしょうか？

生命保険に入っていても、入っていなくても、病気で亡くなる人は亡くなります。事故で亡くなる人は亡くなります。長生きする人は、長生きします。健康な人は、健康でいられます。

保険に入っているから、不幸な目にあわないということはありません。

そう、私たちが生命保険に入るのは、不幸な目にあうことを避けるために入るのではありません。仮に不幸な目にあっても、生命保険に加入していたら、保険会社から〝保険金〟というまとまった額のお金が出るということなのです。そのお金で、たとえ大黒柱を失ったとしても、

あなたの生命保険料は平均より多い？ 少ない？

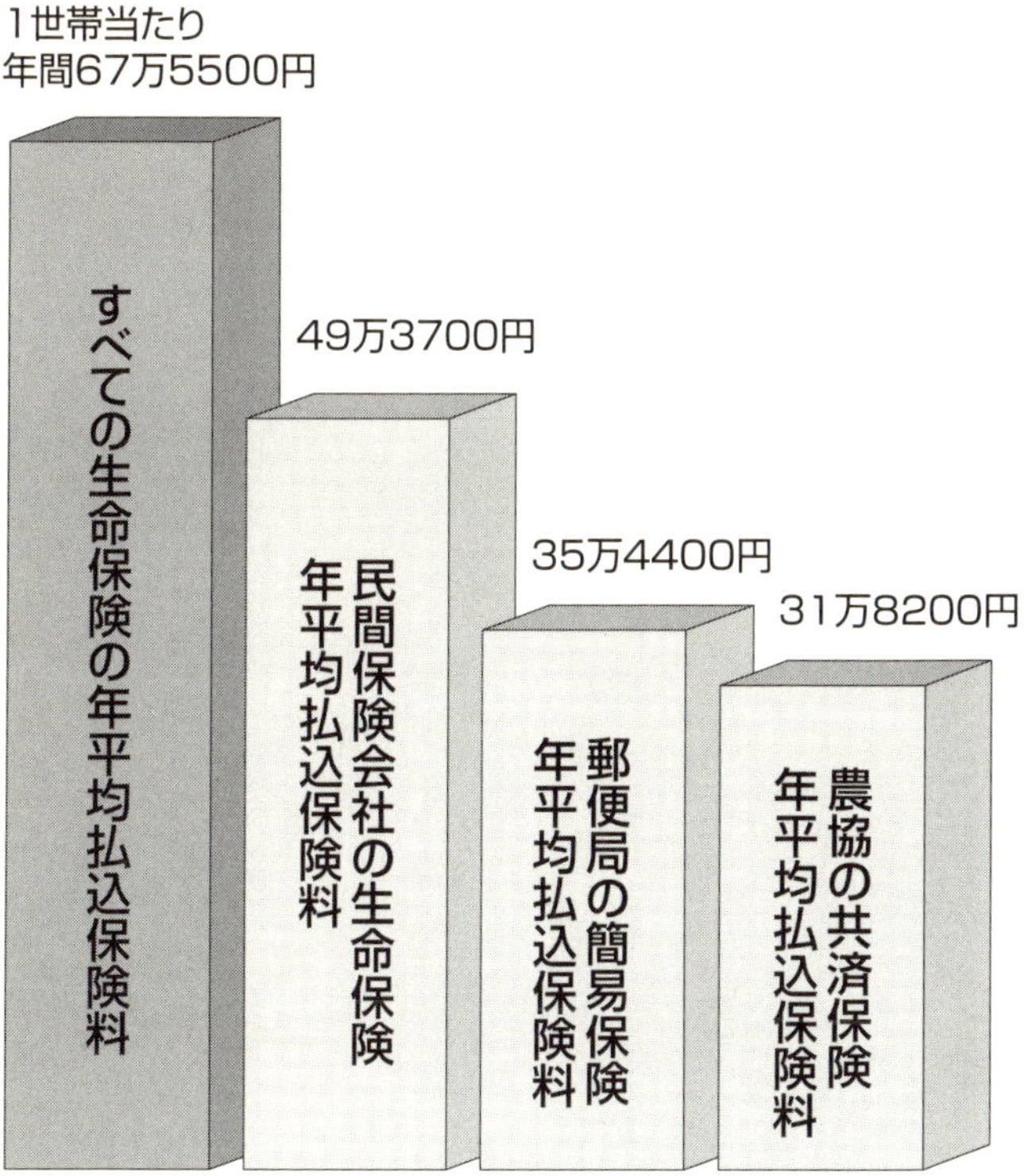

資料：生命保険文化センター
1997年

あなたの年間払込
生命保険料はいくら？

円

残された家族が生活するのに不安定な思いをしなくてもいいようにと考えられた制度なのです。いつ起きるかもしれない不幸な出来事のリスクに対して、金銭面で多少なりともそれをやわらげるために、**保険という商品で、少しでもヘッジしようという発想**で入るのです。そして、そのリスクヘッジのために、保険料というお金を払うのです。

ですから、リスクのない人、つまり**健康で事故にあったり病気をする心配のない人は、生命保険に入っても保険料を支払うだけソン。**なぜなら、自分が健康でいる限りは、自分は保険料を払う一方で、お金を受け取ることはないからです。ちょっとドライな言い方ですが、加入してすぐ事故にあうと、大変不幸ではありますが、**少ない保険料で多額の保険金（給付金）を手にできるのが生命保険**です。

ですからかなりの財産を持っていて、死亡しても、遺族が困らないだけのものは遺産として残せるというような人は、本来ならば、生命保険に入る必要のない人。日々の生活に追われて貯蓄もできず、十分な蓄えもない人こそ加入しなくてはならないものです。

POINT 1

生命保険は、不幸な出来事が起こったときのリスクヘッジのために加入する商品。

リスクのある人・リスクの少ない人

リスクの少ない人

独身の人

DINKS

子供が独立してしまった夫婦

こういう人たちは、生命保険で高額の死亡保障を考えなくてもいい。

リスクのある人

奥さんが専業主婦で子供の小さい人

独身でも老親と同居で家計を支えている人

病弱な家族を抱えている人

こういう人たちは、必要な額だけ死亡保障を生命保険で確保する。

2

「命の値段」が3000万円は、安すぎる？

▼生命保険の保険金額は、「命の値段」ではありません。

皆さんのなかには、「生命保険の死亡保険金の金額が、自分の命の値段」と思い込んでいる人はいませんか？

1億円の高額保険に加入していた、大手メーカー部長のAさん。なぜ、1億円もの保険に入ったのか聞くと、加入時に営業職員の方に、「あなたくらいのポストになれば、命の値段だって、最低でも1億円くらいは必要ですよ」と言われたからだそう。そう言われると、社会的な地位もあるだけに、自分の命なら1億円以上の価値があるはずだと思ってしまいます。

けれど、これは保険販売上のお世辞にすぎません。Aさんが契約した生命保険の保険金1億円は、命の値段などではなく、イザというときの遺族の生活費を補塡＝リスクヘッジするためのもの。もし、Aさんが健康で事故にあわなかったら、この**1億円に対して支払われるリスクヘッジ料（月々の保険料）は、掛け捨て**になります。

1世帯当たりの普通死亡保険金額（世帯主年齢別）

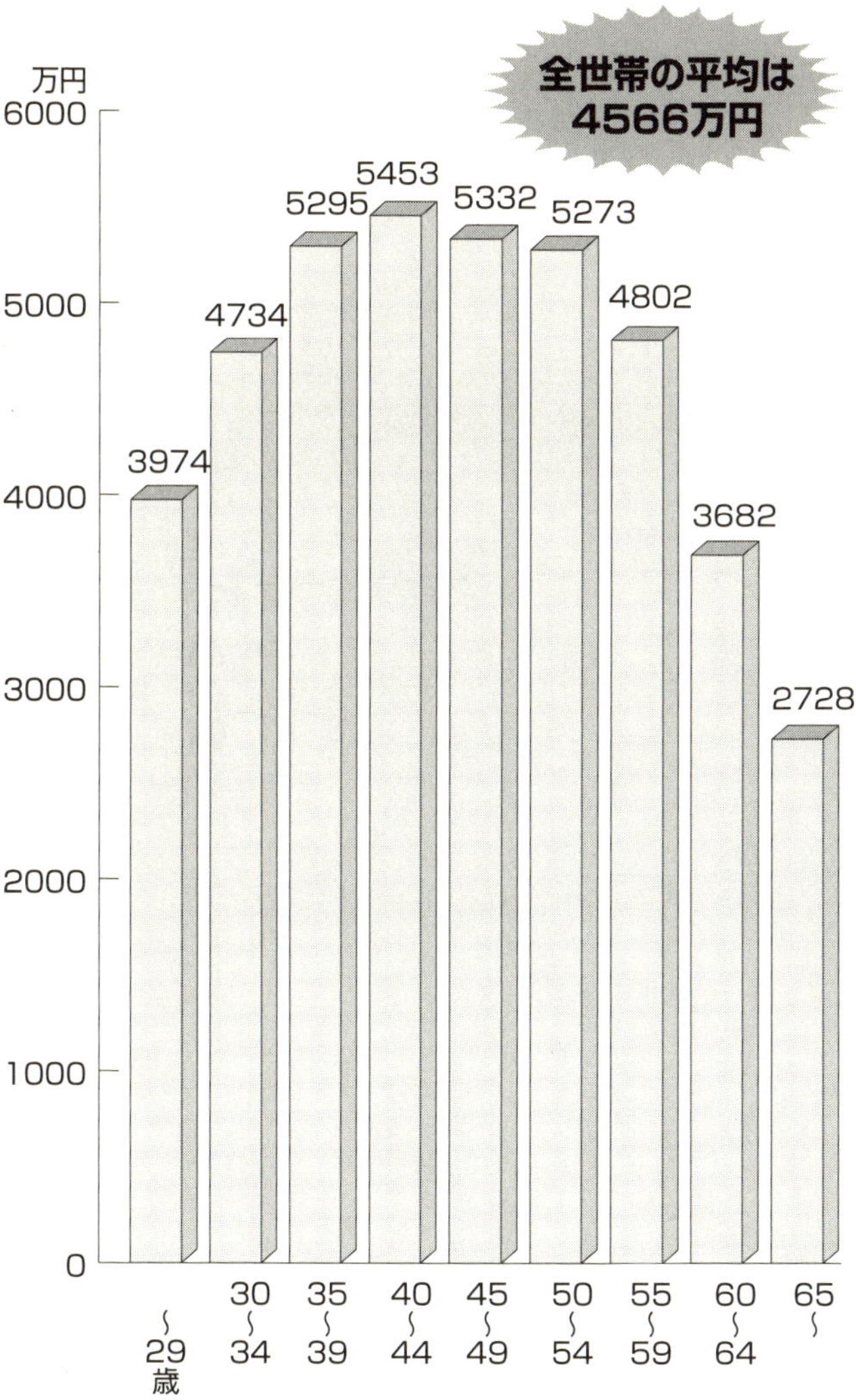

資料：生命保険文化センター
普通死亡保険金額、全生保の平均
1997年

しかもAさんは、この保険の裏に、もう1つのリスクが存在していることに気がついていないのです。それは、生命保険に入って**高額な保険料を支払っているぶん、現金で貯金する余裕が減っている**ということです。

確かに、死ねば1億円の保険金が出ます。仮に、同僚で2000万円の保険に入っているBさんと比べると、Aさんは、死ねばBさんの5倍もの保険金をもらえます。けれど、保険で保障されている期間中に死ななかったらどうでしょう。Aさん、Bさんともに、何もないまま満期を迎えると、Aさんは、なんとBさんの5倍もの保険料を掛け捨てにすることになります。仮に、Bさんが月4000円を死亡したときの保障を得るための保険料として支払っていたとすると、Aさんは5倍の2万円を支払うことになります。10年間で支払い差額は約200万円。

ということは、同じ条件のAさん、Bさんが、2人とも10年間死ななかったら（保険期間10年の定期保険に加入）、Bさんのほうが、200万円も支払い保険料が少なかったぶん、200万円余計に貯蓄できているかもしれないということです。この差が30年間あれば、保険料が上がることも考え、さらに**30年間の利息も含めると、1000万円くらいの貯金の差**ができることになります。つまり、それだけの**貯金ができないというリスク**を、Aさんは抱えるのです。

人生には、いくつかのリスクがつきまといます。死ぬというリスクもありますが、長寿社会になり、**長生きしてしまうというリスクも出てきました。**将来の年金制度に不安のある現状で

勝負だ!!
保険にチップ
全部かけちゃえ
死んだら大もうけ!!
人生GAME
保険
入院
貯金
後でチップ
足りなくなっても
借さないわよっ
オレは地道に
半分は貯金
にとっとこ!!

は、長生きすると、そのぶん蓄えが早く目減りしてしまいます。

長生きに備えるには、保険だけではなく、ある程度の現金が必要となってきます。

安全に人生を送るためには、人生というゲーム盤を思い浮かべるといいでしょう。リスクヘッジのためのチップが10枚あったとしたら、あなたは、このチップをゲーム盤の上に、どう置きますか。もし、保険という項目だけにチップを積んでしまったら、そこで死ななければチップはゼロになってしまいます。もし、保険に5枚、長生きした場合の貯金に5枚積んでおくと、死んでもそこそこの保障しか得られない代わりに、長生きしてもそこそこ現金を持っていられるということになります。

単一のリスクだけをヘッジするのではなく、考えられる限り**いろいろなリスクに対して、枚数は少なくなってもいいから、少しずつ分散させてチップを積んでおく**こと。

どこにリスクが潜んでいるかわからない以上、それが最も賢いリスクヘッジのポートフォリオと言えるのではないでしょうか。

POINT 2

高額の生命保険に加入すると貯金できないリスクも増える。

3

生命保険って、漠然としていてわかりにくいのですが？

▼義理、人情の世界のような気がする生命保険は、実はシビアな数字の世界です。

「保険」と聞いただけで、反射的に「難しい」と思ってしまうのはなぜでしょう。

保険というのは、さまざまな統計や複雑な数理で成り立っていますから、数字に弱い人が、難しいと思ってしまうのはあたりまえ。ただ、それ以上に保険を難しくしているのは、保険という商品が、**目に見えない契約で成り立っている商品**だからです。

保険は、さまざまなケースを想定した膨大な約束のうえに成り立っています。しかも、今や多種多様の商品が、いろいろな会社から売り出されていて、契約の条件も会社によって違うので、それをいちいち比較しながら善し悪しの判断をするというのは、プロでも至難の業と言えます。通常の物品購入なら、家を買うにしても、車を買うにしても、実際の〝モノ〟が介在しますから、その〝モノ〟の価値を判断したうえで、契約が成立します。買う側も、〝モノ〟があれば、自分なりに情報収集し、他の同じような〝モノ〟と比較して、高いと思えば、安くしてもらう交渉もできます。そして、納得すれば買うし、納得できなければ買わなければいい。

けれど、保険の場合には、目で見て比較できるような〝モノ〟は存在しません。ですから、契約金額として目の前に示されている数字が、果たして高いのか安いのか、自分が愚かな買い物をしようとしているのかおトクな買い物をしようとしているのか、見当もつきません。しかも、見当もつかなければ、細かな字で、難しい言葉で書かれている約款などは、ほとんど理解できないし、読もうとも思わない人が大部分でしょう。

そういう人に、生命保険とはどういう商品なのかを理解してもらうためには、生命保険自体を1つの商品として分解し、私たちが**支払った保険料がどういう内訳で使われていくのかを見てもらうのが、最もわかりやすい方法**なのではないかと思います。

私たちは、漠然と生命保険に加入し、言われるがままに保険料を支払っています。けれど、私たちが支払った保険料は、漠然と使われていくわけではありません。一部は、あらかじめ決められた「方法」で保険の〝原価〟である保障部分にまわされ、一部は保険のシステムを維持する経費として使われます。保障のために集めた保険料でも、すぐに使わないものや貯蓄として満期に返すために集められたお金は、積み立てられて一定の利率で運用されます。

ただ、こういう説明をされても、ピンとこない人がほとんどなので、わかりやすく言えば、「あなたの支払った**1万円の保険料のうち、3000円は保険運営の経費となり、7000円は**

保険料のすべてが保障にまわされるわけではない

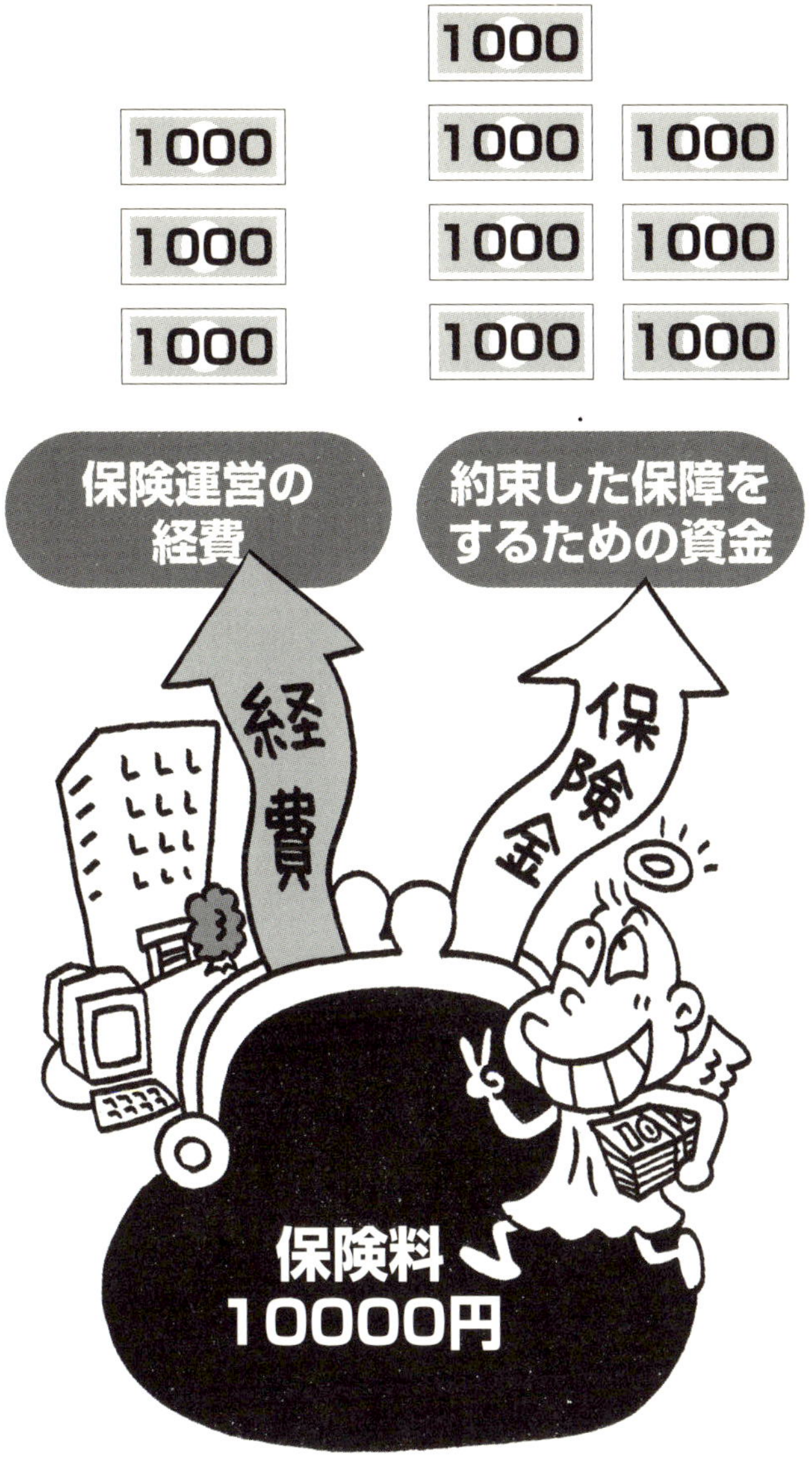

死んだときに保険金（満期金など）をもらう助け合い部分（保障）になります」ということ。

ここでの金額は、商品や加入者の年齢、性別によってかなり違ってきますが、おおまかな感じとしてはこういうことなのです。もし、自分の保険について、その内訳を提示して説明されれば、誰もがああそうなのかと思えるでしょう。

今まで、こうした具体的な数字を一般に公表するのは、生命保険業界のなかではタブーとされてきましたし、現在でもそうです。たぶん、経費と保障の割合を公表すると、あらぬ誤解を招くのではないかというような危惧があるからでしょう。生命保険会社が、儲けすぎているという非難を浴びるのではないかという不安もあるのかもしれません。

けれど、すでに加入者は、義理人情の勧誘で、内容もよくわからないまま保険に入るということに抵抗を感じはじめています。隠すことよりも、情報公開してほしいと思っています。そういう意味では、より納得し、理解したうえで保険に入るためにも、それぞれが、**自分の加入している保険の〝原価〟を知るべき**ではないでしょうか。

POINT 3

生命保険もふつうの商品同様、〝原価〟と経費に分けることができる。

4

保険料に占める〝原価〟の割合は、どのくらい？

▼保障の内容や男女差、保険期間の長い、短いなどで変わってきます。

生命保険とは、理解できそうで理解しにくい商品です。けれど、その〝原価〟がわかると、生命保険に抱いているモヤモヤも、ある程度、消すことができるのではないでしょうか。

どんな商品でも、販売して商売として成り立たせるためには、〝原価〟に営業経費や利益などを上乗せして価格設定をします。その元となる、営業経費や利益が上乗せされる前の〝原価〟というのは、保険で言えば、**イザというときの保障にまわる金額**（満期にもらえるお金も含む）です。それが、支払われる保険料のなかでどのくらいの割合を占めるのかは、各社とも企業秘密扱いですが、いろいろと計算してみると、ざっと39ページの表のようになります。

この表は、保険期間10年の月払いの定期保険（男性）で、保障1000万円についての支払い保険料と実際の保障にまわる金額を年齢別に一覧表にしてみたものです。

表の左が、実際に支払う保険料、真ん中の2つが、支払われた保険料のなかで保障にまわる部分の金額と経費にまわる金額、そして右の2つの数字が、支払い保険料全体の中に占める保障の割合と経費の割合です。

たとえば、30歳の男性が、死んだときに1000万円の保険金が出る定期保険に加入したとします。その場合の保険料は、月に2540円ですが、このうち実際に死んだときに保険金を支払う保障のために使われる金額は840円で、あとの1700円は、保険を維持するためのさまざまな経費として使われていきます。この経費が、全体の保険料に占める割合は約67％。

ただし、大手の生命保険会社だと、従来は、契約金額が3000万円以上で高額割引になり、多少ですが、保険料が割安になるところが多かったようです（中小では、500万円から高額割引をして、何段階かの割引を設定しているところもあり）。ですから、保険金額3000万円未満と3000万円以上だと、この保障と経費の割合も多少は変わってきます。

死んだら3000万円の保険金が出る10年ものの定期保険に30歳の男性が加入したとすると、支払い保険料は7020円。単純に1000万円のときの3倍の7620円ではなく、600円ほど安くなっています。これは、どこが安くなっているのかというと、保険の〝原価〟にあたる保障部分の保険料ではなく、経費部分の保険料が安くなっているのです。どんな商売でも同じですが、**小さな単位で買い物する人よりも、まとめ買いしてくれる人には、そのぶん手間もかからないので経費が安くできる**ということです。

保障と経費の割合の目安（定期保険）

定期保険の月払保険料に占める保障・経費の例

（男性・期間10年・保険金1000万円に対して）

契約年齢	保険料	保障の保険料	経費の保険料	保障の割合	経費の割合
30歳	2540円	840円	1700円	33.0%	66.9%
35歳	2990円	1240円	1750円	41.4%	58.5%
40歳	3780円	1940円	1840円	51.3%	48.6%
45歳	5010円	3040円	1970円	60.6%	39.3%
50歳	7120円	4990円	2130円	70.0%	29.9%

定期保険の月払保険料に占める保障・経費の例

（女性・期間10年・保険金1000万円に対して）

契約年齢	保険料	保障の保険料	経費の保険料	保障の割合	経費の割合
30歳	2200円	530円	1670円	24.0%	75.9%
35歳	2510円	810円	1700円	32.2%	67.7%
40歳	2970円	1230円	1740円	41.4%	58.5%
45歳	3620円	1800円	1820円	49.7%	50.2%
50歳	4460円	2590円	1870円	58.0%	41.9%

【前提条件】
多数派である漢字生保の5年利差配当付商品の計算基礎率により試算
契約年齢：保険年齢とした
予定死亡率：生保標準生命表1996修正死亡率
予定利率：2.15%
※割合の端数は切り捨てとした

この表は、数ある生命保険の商品のなかから、10年ものの定期保険という1つの商品のなかでもスタンダードなものをピックアップして、支払われる保険料のなかで、保障部分にまわる金額と経費部分にまわる金額を算出したものです。

もちろん、すべての保険の保障と経費の割合が、この表のようになっているというわけではありません。会社によっても違います。また、この表では、30歳男性が10年ものの定期保険に加入した場合の支払い保険料に占める経費の割合は60%を超えていますが、そもそも定期保険では、経費が占める率が他の保険よりもかなり高くなっています。

たとえば、終身保険などは、保険期間が長いこともあって、定期保険に比べるとずっとこの経費の割合は小さくなってきます。詳しくは、44ページを参照していただきたいと思いますが、30歳男性が終身保険に加入した場合、60歳までに保険料をすべて払い込んでしまう通常のタイプのものだと、支払い保険料全体に占める経費の割合は23%ほどになります。これは、保険料のなかの将来の保障に使われる割合が大きいので、これを平均化したときの経費の割合は小さくなるからです。また、同じ保険の同じ保障を買うにしても、男性と女性とでは、支払う保険料が変わってきます（45ページ参照）。

ですから、**保障の内容や男女差、保険期間の長い、短いなどで、保障の割合と経費の割合は変わってくるのです。**

ただ、ここで覚えておきたいのは、ふだん、漠然と支払い続けている保険料ですが、保険の目的である保障を買う以外に、実は、かなりの経費を私たちは支払っているということ。こうした経費については公表されていないので、ほとんどの人が知らないと思います。知らないで、なんとなく「保険会社が儲けている」という気持ちを、抱いているのではないでしょうか。けれど、この経費の中身をよく見ると、**保険のコンサルティング料のように、保険がよくわかっていれば削ることが可能**なものから、保険料を銀行から引き落とすための手数料のように、保険会社が負担していて削れない料金まで、すべて含まれているのです。

生命保険は、私たちの暮らしに必要なもので、とくに、収入が少ないけれど家族が多いといった家庭では、大黒柱を失うと経済的な打撃は大きく、保険に頼らざるをえません。

だとすれば、私たちは今後も、何らかのかたちで、保険会社と上手に付き合っていかなくてはなりません。そのためにも、自分たちが支払っている保険料について、その**保険料が使われる内訳を知り、納得のいくかたちで自分に必要なだけの保険に加入したい**ものです。

POINT 4

生命保険の経費の割合が大きくても、仕組みがわかれば削れる料金もわかってくる。

定期保険の月払保険料に占める保障・経費の目安

（男性／保険期間10年・保険金1000万円に対して）

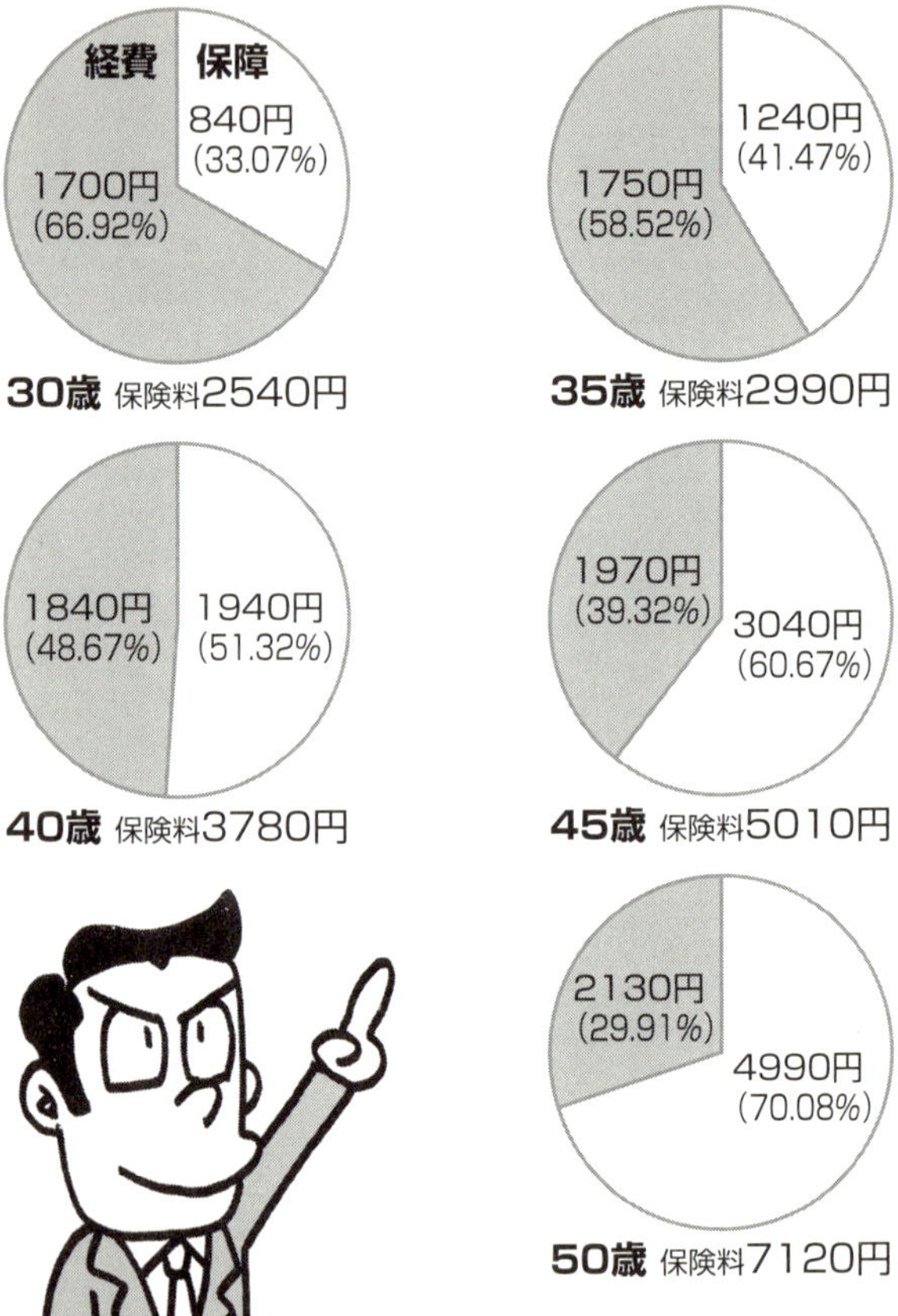

[前提条件]
多数派である、漢字生保の5年毎利差配当付商品の計算基礎率により試算

●契約年齢：保険年齢とした
●予定死亡率：生保標準生命表1996修正死亡率
●予定利率：2.15%

定期保険の月払保険料に占める保障・経費の目安

（女性／保険期間10年・保険金1000万円に対して）

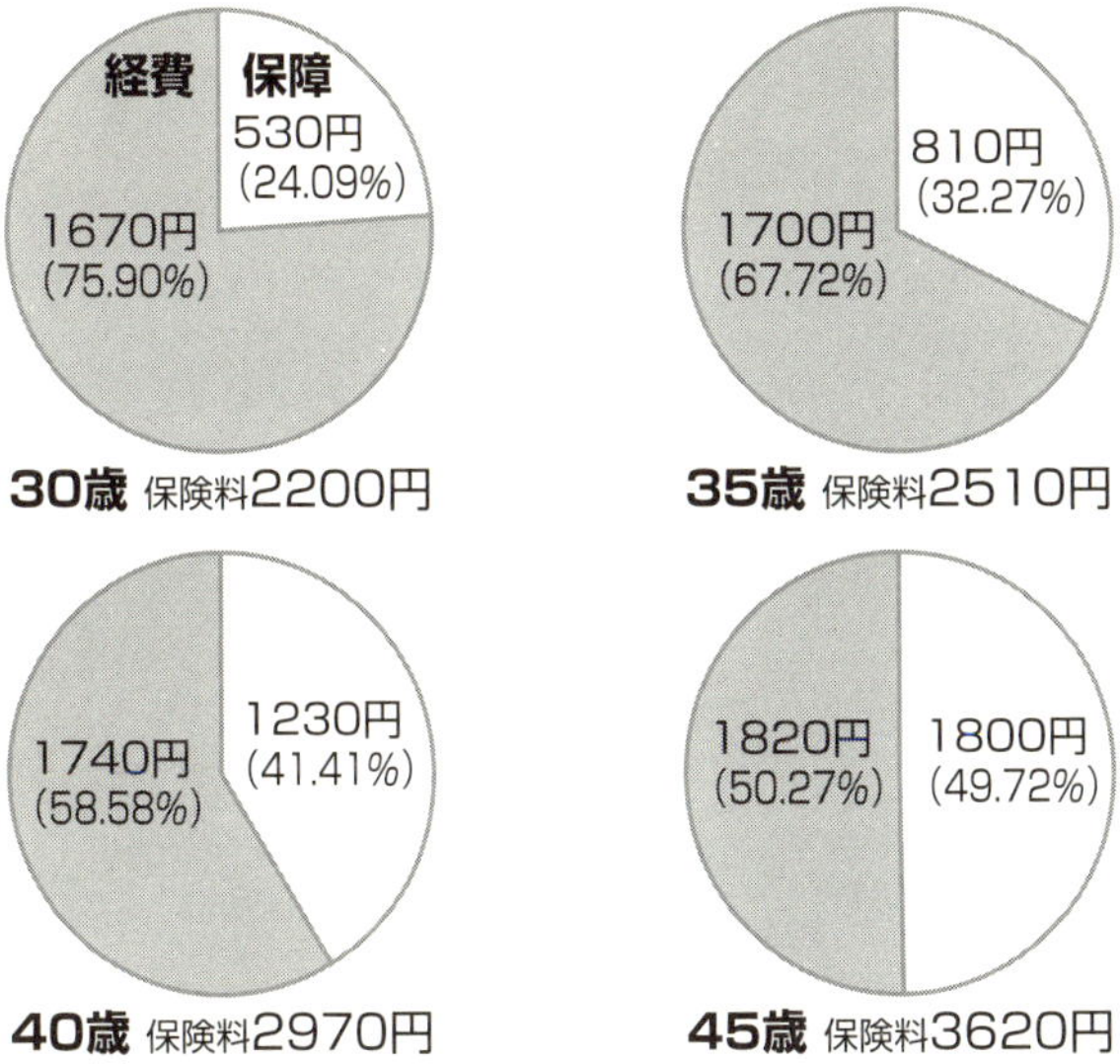

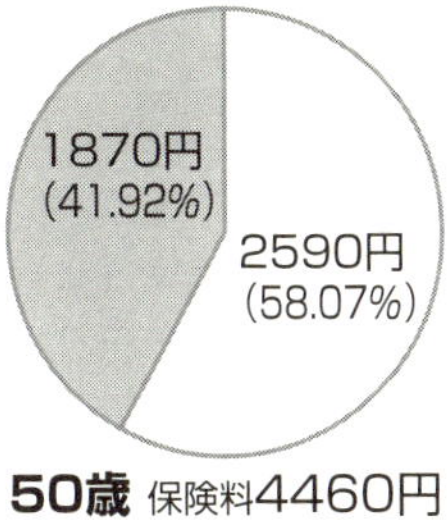

［前提条件］
多数派である、漢字生保の5年毎利差配当付商品の計算基礎率により試算
●契約年齢：保険年齢とした
●予定死亡率：生保標準生命表1996修正死亡率
●予定利率：2.15%

終身保険の月払保険料に占める保障・経費の目安

（男性／保険金1000万円・60歳払済に対して）

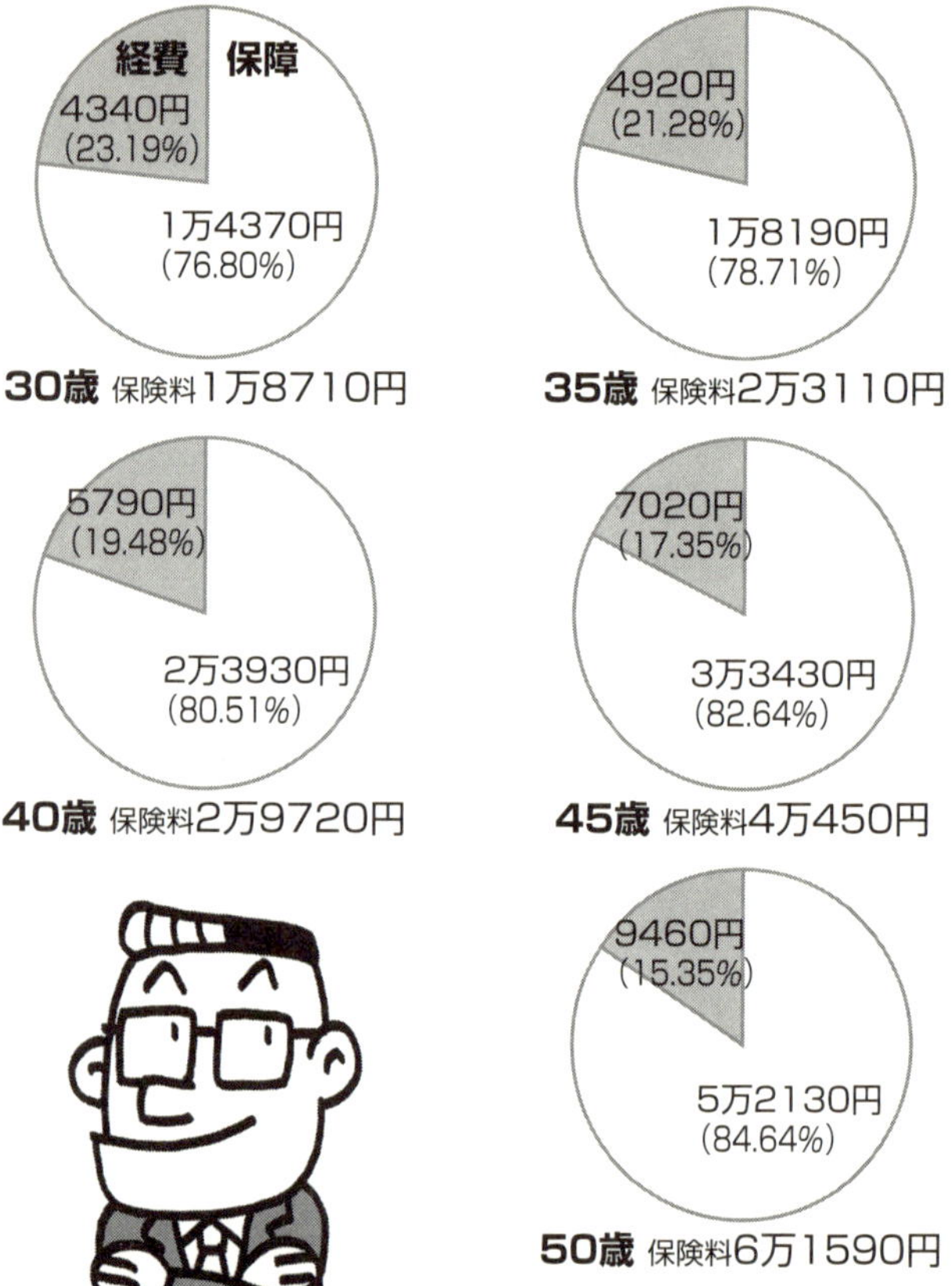

[前提条件]
多数派である、漢字生保の5年毎利差配当付商品の計算基礎率により試算
- ●契約年齢：保険年齢とした
- ●予定死亡率：生保標準生命表1996修正死亡率
- ●予定利率：2.15%

★巻末に参考資料があります。

終身保険の月払保険料に占める保障・経費の目安

（女性／保険金1000万円・60歳払済に対して）

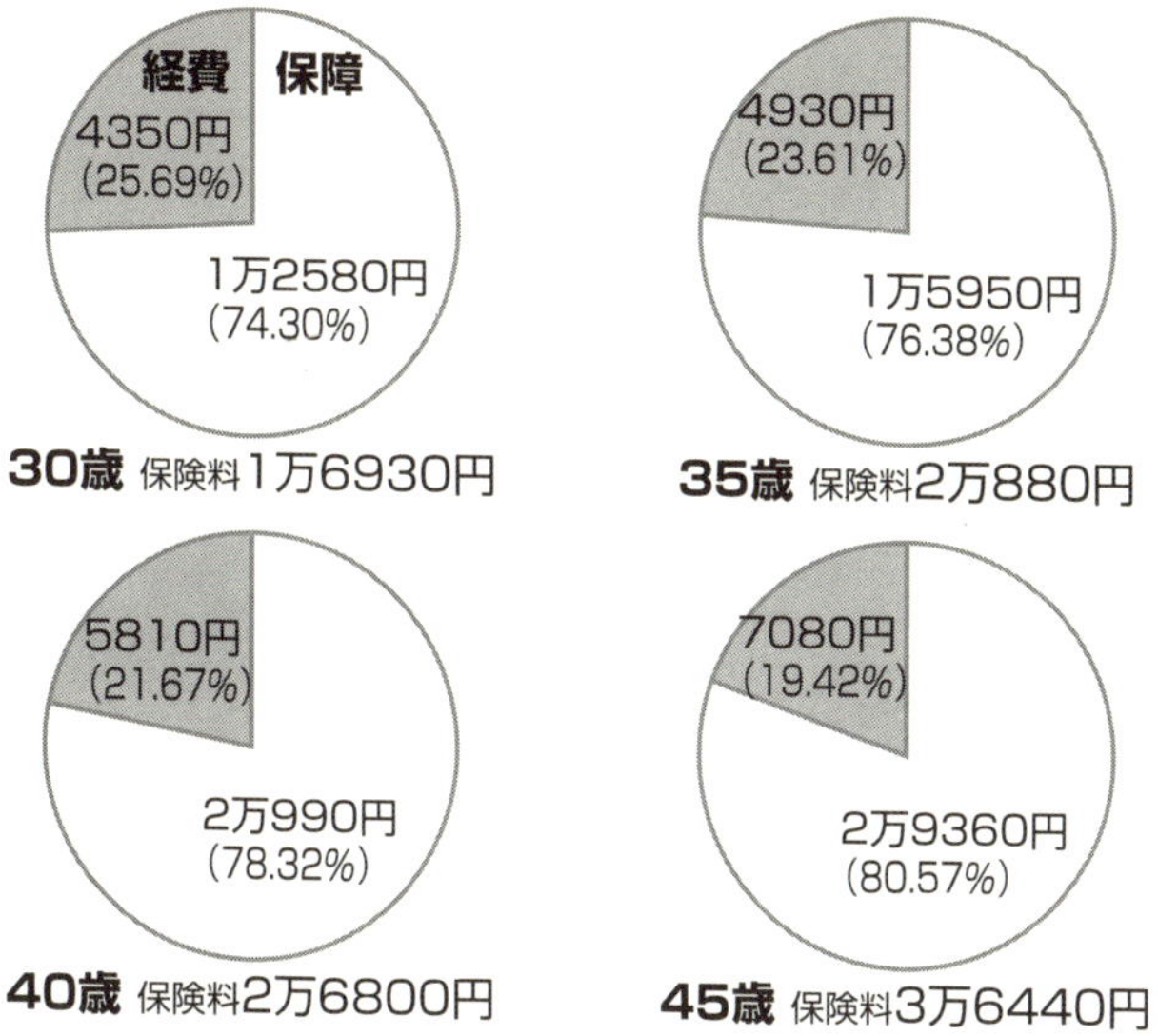

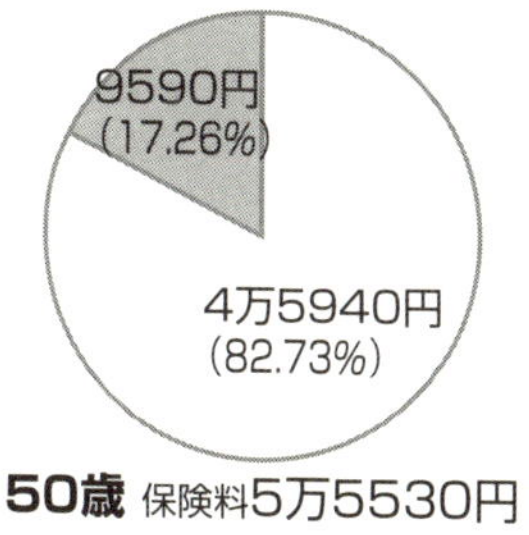

［前提条件］
多数派である、漢字生保の5年毎利差配当付商品の計算基礎率により試算
- ●契約年齢：保険年齢とした
- ●予定死亡率：生保標準生命表1996修正死亡率
- ●予定利率：2.15%

5

生命保険って、何を売る商品なの？

▼生命保険は、「イザというときの保障」を商品化して売っています。

前のページで、いきなり生命保険の保障と経費の割合が出てきて、よく意味がわからずに面くらってしまった人もいることでしょう。

なにしろ、ほとんどの人は、「保険」と聞いただけで、反射的に「難しい」と思ってしまうようになっています。しかも、通常に販売されている商品とは違うというニュアンスを持っていますから、保障部分とか経費部分と言われても、ピンとこないでしょう。

そこで、生命保険の〝原価〟についてお話しする前に、そもそも生命保険とはどういう商品なのかということを簡単に見てみましょう。

生命保険に限らず、保険というのは、さまざまな統計や複雑な数理で成り立っています。生命保険もそんな保険の一種ですから、数字に弱い人が、難しいと思ってしまうのはあたりまえ。

ただ、それ以上に保険を難しくしているのが、**保険という商品が、目に見えない契約で成り**

立っている商品だというところです。

33ページでもふれましたが、保険は、さまざまなケースを想定した膨大な約束のうえに成り立っているだけでなく、今や多種多様の商品が、いろいろな会社から売り出されていて、契約の条件も違うので、いちいち比較しながら善し悪しの判断をするのは、プロでも至難の業。

通常の物品購入なら、家を買うにしても、車を買うにしても、実際の〝モノ〟が介在しますから、その〝モノ〟の価値を判断したうえで、契約が成立します。買う側も、〝モノ〟があれば、自分なりに情報収集し、他の同じような〝モノ〟と比較して、高いと思えば値引き交渉もできます。そして、納得すれば買うし、納得できなければ買わないということになります。

けれど、保険の場合には、目で見て比較できるような〝モノ〟は存在しません。保険とは**これだけのお金を払い込んでおけば、イザというときには約束しただけの金額をもらえるという〝契約〟**を商品化したものです。そして、その契約も会社によってみんな少しずつ違うので、いったい保障金額として目の前に示されている数字が、自分にとって高いのか安いのか、自分が高い買い物をしようとしているのかおトクな買い物をしようとしているのかまでは、見当もつきません。しかも、見当もつかないので、細かな字で、難しい言葉で書かれている契約書の約款を渡され、契約内容の説明をされてもよくわからないし、まして、約款などを読んでも内容が理解できないので、読もうとも思わない人も多いのではないでしょうか。

さらに、**保険を難しくしているのが、保険用語**です。

たとえば、通常の取引では、会社が販売する商品を買います。ですが、保険では、販売することを募集するといい、保障を買うことを、保険に加入するといいます。相互会社の場合には、加入した人は、その保険会社の社員になるのですが、自分が社員だなどと思っている人はいないのではないかと思います。また、保険という商品の代金は、代金ではなく保険料と呼ばれ、それを売る人は販売員ではなく募集人といいます。ですから、通常の言葉で言えば、「保険という品物を、販売員からお金を出して買う」というところが、保険用語では「募集されている保険に加入し、募集人が示す保険料を支払う」ということになります。

言葉が置き換えられただけで、どこにでもある「商売」の1つというニュアンスが消えて、何だか特殊なことのようなニュアンスになってしまうのですから、これは不思議です。

ここで売り買いされている保険という商品は、どんなものかというと、「もし、○○のような状況になったら、○○円お支払いします」という約束を商品化したものなのですが、保険には、お金を払う人、保険の対象となる人、お金を受け取る人といて、さらに支払われるお金の種類だけでも、保険金、給付金、満期返戻金、解約返戻金といろいろ名前が違うので、何だかとてもややこしい気がしてきます。

けれど、要は、**一定の金額のお金を支払えば、何か起きたり満期がきたりしたら、契約に沿っ**

知っていると便利な保険用語（初級編）

用　語	意　　味
保険の募集	保険の販売。
保険に加入する	保険会社が提供する保障を買う。
保険の募集人（営業職員）	保険を販売して手数料をもらう人。セールスレディーやライフプランナーなど。
保険料	買った（契約した）保険に対して払うお金。
保険金	死亡したときなどに、あらかじめ保険会社が支払うことを約束しているお金。
給付金	病気やケガで入院や手術をしたり、身体傷害を負った時などに支払われるお金。
満期返戻金	貯蓄型の保険などで、積み立てが終了した後に戻されるお金。
解約返戻金	契約中に解約したら戻ってくるお金。
契約者	保険を買い（契約を結び）、代金を支払う人。相互会社では、契約者は社員となる。
被保険者	保険の対象となる人。契約者、保険金受取人と一緒の場合もある。
保険金受取人	契約者から保険金受け取りを指名された人。契約者、被保険者と同一の場合もある。
主契約	メインの契約。基本となる契約。
特約	主契約の内容をさらに充実させるためにつける付属的な契約。
免責	一定以下の金額または日にちの計算で、契約者が自己負担することになっている範囲。
契約者配当金	保険会社が予定以上の利益をあげた場合に、契約者に支払われるお金。配当が出ない保険は無配当保険という。

た金額のお金を、保険会社があなたに支払いますという約束が商品化されているものなのです。

アメリカでは、保険というのは、「もし、○○のような状況になったら、○○円お支払いします」という約束を商品化したものだという考え方が一般的なので、この商品を買うのに、少しでも無駄のない買い方をしようとするのが一般的。また、通常の保険販売だけでなく、自分がすでに加入している保険に値段をつけて売るというケースもあります。たとえば、５０００万円の保険に加入しているＡさんがいたとします。このＡさんが、不治の病に侵され、どうせだったら生きているうちに良い思いをしたいという場合、自分が加入している保険を売り出すことができます。仮に２５００万円で売り出し、Ｂさんが買ったとしましょう。その場合、Ａさんが亡くなると、保険金５０００万円はＢさんが受け取ることになります。日本では、とんでもないと思えるこうした保険の取引も、アメリカでは、実際に行われています。それは、たぶん、海外では、保険の売り買いも、商取引の１つだという感覚が定着しているからでしょう。

POINT 5

一定額のお金を払えば、何か起きたり満期がきたとき、約束のお金がもらえる商品が生命保険。

世界各国の国民1人当たりの保険金額

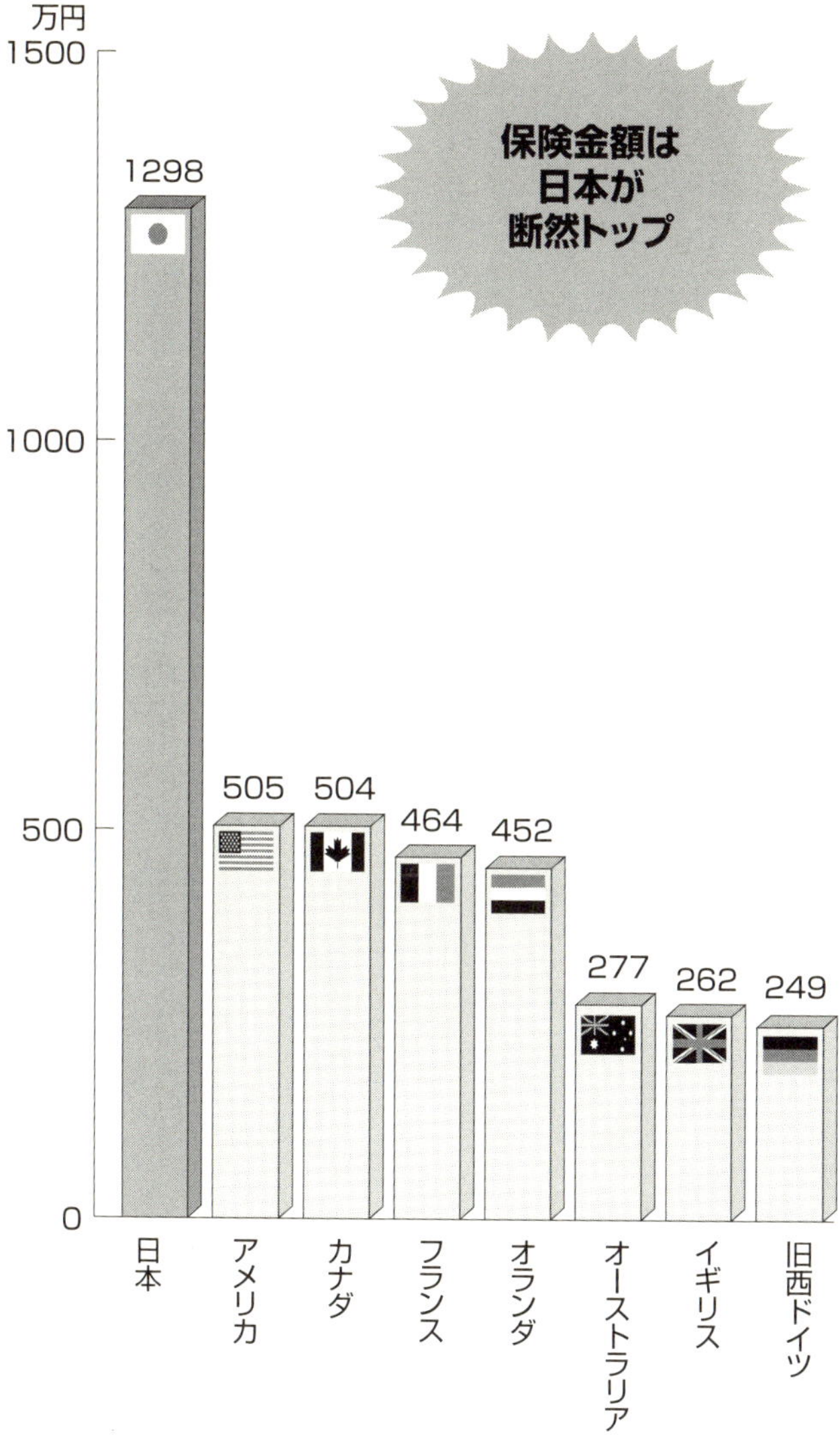

資料:生命保険協会
1990年12月

6

生命保険の〝原価〟は、企業秘密なの？

▼誰でも知ることができるものは、企業秘密ではありません。

以前、加入している生命保険会社の本社に、「私が支払っている月々の保険料のうち、どのくらいの額が実際の保障にまわされて、どのくらいが経費になっているのか、その内訳を教えてください」と問い合わせたことがありました。

自分の銀行口座から毎月引き落とされている保険料の内訳がどのようになっていて、どういうところに使われていくのかを知っておきたいと思ったからです。

ところが、電話に出た担当者の答えは、「支払われた保険料がどのようになるかの内訳については、対外的にはいっさい公表していません」とのこと。そして、「どんな企業でも、商品の〝原価〟は公表していないはずです。それは、保険に限らず、どんな業界でも企業秘密になっているはずですよ」と、当然のように言われました。

「自分が入っていて、実際に保険料を支払っている保険についてなのに、その保険料が、どう使われているのか詳しく教えてもらえないというのは、おかしいじゃないですか？」と食い下がると、「たとえ、現在加入していらっしゃる自分の保険についてでも、その保険料の内訳は、企業秘密なんです。会社の規定で、お教えすることは、できないことになっています」との一点張りでした。

これは、おかしな話です。なぜなら、**保険の〝原価〟にあたる保障にまわされるお金（純保険料）については、誰でも、計算しようと思えばできる**のです。これについては、後述しますが、誰でも、計算すれば出せる数字が、企業秘密であるわけがありません。

ところが、同じ質問を、生命保険業界の誰にしても、やはりみんな「それは、企業秘密でしょう」と、当然のことのように言うのです。

保険の、保障にまわされるお金、つまり保険の〝原価〟に当たる部分は、本当に保険会社が外には言えない企業秘密なのでしょうか？

そもそも、企業秘密とは何でしょう。企業秘密というのは、その企業独自のもので、他の企業にそれを知られると、その企業の収益にかなりのダメージを受けるから企業秘密になるのでしょう。たとえば、他の企業にない仕入れルートが開拓できて、原料を極端に安く仕入れられ、それをライバル企業や販売先に知られたくないからということで秘密扱いにするというのなら、確かに企業秘密。また、他社には真似のできないような素晴らしい技術を開発し、独創的な商品で売り上げを伸ばしているというようなときには、他社に同じようなものは作らせないために、その技術は企業秘密ということになるでしょう。

けれど、生命保険の場合には、保険商品の〝原価〟である保障部分の金額は、**同じような基準値を使っているところが多いので、今まで、どこの会社でもそれほど変わりませんでした。**そして、この〝原価〟は、その気になれば**誰でもおおよそのところは計算することができます。**ですから、これを秘密扱いにしているというのは、一企業が秘密にしているというのではなく、業界全体でこれを秘密扱いにしているということです。

確かに、生命保険会社のなかにも、独自で料率を計算して、リスク区分型の保険を開発しているところもあります。こうした会社の料率については、企業秘密と言えるかもしれませんが、少なくとも私が〝原価〟を問い合わせた何社かの保険会社は、一般的な死亡率を使っている保険会社でした。ですから、生命保険の〝原価〟は、一企業ではなく、業界全体で秘密扱いにしていると思えてしかたないのです。

では、なぜ、業界全体で、生命保険の〝原価〟を秘密扱いにしなくてはならないのでしょうか。

ここからは、個人的な憶測ですが、生命保険では、支払った保険料がすべて保障に使われるわけではありません。なかには、39ページでご紹介した定期保険の例のように、6割、7割が保険運営の経費となり、実際の保障には、支払った保険料の3割、4割くらいしかまわってい

経費の割合は企業ヒミツ!?

かないという保険もあります。これには、実はそれなりの事情もあるのですが、ただ、安いとは誰も思っていない保険料のこと。払った保険料の6割も7割もが経費で消えて、肝心の保障にまわされるのが3割か4割という情報が一人歩きしてしまうと、そうではないものも多いにもかかわらず、**高い経費だけがクローズアップされ、保険会社がボロ儲けしているような印象を一般に与えてしまう**のではないかということを恐れるのではないでしょうか。

ただ、この価格の構造がわからないと、一般の人は、生命保険というものがどんな商品なのかということを、本当に理解することはできないのではないかと思います。

また、後述しますが、保険の経費というのは、それがすべて保険会社の儲けになるわけではありません。私たちの目に見えないところで、保険を運営するために、いろいろなお金がかかっています。そういうことがもっとはっきりわかれば、**加入者も保険をより理解して加入することができるし、計算しながら加入することもできます。**保険会社としても、痛くもない腹を探られることもないと思うのですが。

POINT 6

生命保険会社が明らかにしたがらない“原価”だが、実は誰でも計算できるもので企業秘密ではない。

7

生命保険の〝原価〟は、誰でも計算できるものなの？

▼かなり面倒ではありますが、計算できないことはないでしょう。

生命保険を1つの商品として見たときに、もし〝原価〟と言えるものがあるとすれば、それは、払った保険料のうち、実際に、あなたの身に何事かが起きたときや満期に、これだけのお金を払いますという保障の部分にまわっていく金額でしょう。

この保障部分にあたる生命保険の〝原価〟とは別に、保険では、保険会社がその保険を運営するうえでのいろいろな経費が必要となってきます。その**経費と保障にまわるお金の合計が、私たちが支払う保険料**なのです。そして、この保障部分の〝原価〟は、生命表という死亡統計から作ったデータや、さまざまな医療関係のデータから計算されています。また、貯蓄性のある保険の場合には、ここに予定利率という、「あらかじめこれだけの運用を約束しますよ」という数字が加わり、これも含めて**計算すれば、当然ながら〝原価〟は計算できるはず**です。

確かに、データの使い方で、出てくる数字に違いは出てきます。生命表といってもいくつかのタイプがありますし、医療のデータでも、いくつかの種類があります。ただ、生命表というのは、日本人の死亡率がどれくらいかというものですから、違いがあるといっても、それほど大きな差にはなりません。ですから、おおよその数字は、こうしたものから算出できるというわけです。この計算方法は、どういうデータを使って、どういう手順で、どういう方程式を使って出せばいいのかということが、すでに**市販の専門書に出ています。**

計算方法が公表されていて、計算のモトになる数字も公表されているのですから、**誰でも生命保険の〝原価〟は計算できます。**ただ、はっきり言って、これを実際に計算するには、たぶん、かなりの労力を要するのではないかと思います。その前に、保険の成り立ちなど、理解しなくてはならないことも多く、素人では難しいかもしれません。

けれど、計算しさえすれば数字が出てくるということならば、これは**けっして企業秘密ではなく、情報公開されている事柄なのだという認識に立ってもかまわない**と思います。せめて加入者からの問い合わせがあったときくらいは、各生命保険会社が、すぐに教えてくれるような体制ができるのが望ましいと思います。実際、郵便局の簡易保険では、加入者が問い合わせれば教えてくれます。

本書を読んでいただけばわかるように、生命保険の営業経費には、保険会社が保険契約を維持・管理する手数料のほかに、本来加入者が負担するべき振込手数料や営業職員に支払うべき

保険料の計算例

10年定期保険の保険料計算例（男性）

●収入の現価

（保険料）　（現価率）

P_1×98,152（30歳の生存者数）×1
P_1×98,070（31歳　〃　）×0.973236（=1/1.0275）
P_1×97,987（32歳　〃　）×0.947188（=$1/1.0275^{2}$）
P_1×97,901（33歳　〃　）×0.921838（=$1/1.0275^{3}$）
P_1×97,811（34歳　〃　）×0.897166（=$1/1.0275^{4}$）
P_1×97,715（35歳　〃　）×0.873154（=$1/1.0275^{5}$）
P_1×97,612（36歳　〃　）×0.849785（=$1/1.0275^{6}$）
P_1×97,502（37歳　〃　）×0.827041（=$1/1.0275^{7}$）
P_1×97,383（38歳　〃　）×0.804906（=$1/1.0275^{8}$）
P_1×97,253（39歳　〃　）×0.783364（=$1/1.0275^{9}$）

P_1×867,887

●支出の現価

（保険料）　（現価率）

1,000×　82（30歳の死亡者数）×0.986527（=$1/1.0275^{0.5}$）
1,000×　83（31歳　〃　）×0.960124（=$1/1.0275^{1.5}$）
1,000×　86（32歳　〃　）×0.934427（=$1/1.0275^{2.5}$）
1,000×　90（33歳　〃　）×0.909418（=$1/1.0275^{3.5}$）
1,000×　96（34歳　〃　）×0.885078（=$1/1.0275^{4.5}$）
1,000×103（35歳　〃　）×0.861390（=$1/1.0275^{5.5}$）
1,000×110（36歳　〃　）×0.838336（=$1/1.0275^{6.5}$）
1,000×119（37歳　〃　）×0.815899（=$1/1.0275^{7.5}$）
1,000×130（38歳　〃　）×0.794062（=$1/1.0275^{8.5}$）
1,000×140（39歳　〃　）×0.772810（=$1/1.0275^{9.5}$）

897,215円

●収支相等から　P_1×867,887=897,215　P_1=1.034

10年満期生存保険の保険料計算例

●収入の現価　P_2×867,887円
●支出の現価　1,000×97,113（満期時生存者数）×0.762398
=74,038,757
●収支相等から　P_2×867,887=74,038,757　P_2=85.309

**計算方法はむずかしいが、
こんなかたちで市販の本に掲載されている。**

出典:『図説 日本の生命保険』

コンサルティング料も含まれているのです。

ところが、そうした諸々の費用まで自分が負担しているのだという認識がないままに、今まで、すべて無料でやってもらっていたような錯覚を抱いている人が、意外と多い。その結果、一方的に、保険会社が儲け、営業職員が儲け、**自分は騙された被害者だという論調になっていますが、これはおかしなこと**です。

保険のことが何もわからないというなら、コンサルティング料を払ってアドバイスしてもらうしかないではありませんか。「コンサルティング料は払いたくない」というなら、通信販売で自分の考えだけで入れる保険も出てきています。そうしたものだと、コンサルティング料が必要ないぶんだけ、経費も安くなりますから、支払い保険料も安くなります。ただ、そういう保険に入るなら、安くなるぶん人任せではなく、自分でいろいろと考えて入らなくてはなりません。保険料も安くしてもらいたい、至れり尽くせりのサービスもしてほしいというような虫のいい話は、どこにもあるわけはありません。

POINT 7

生命保険の〝原価〟は、死亡統計をもとにした生命表などを使って算出されている。

保険料も安く、サービスもタダで
なんてムリな話！

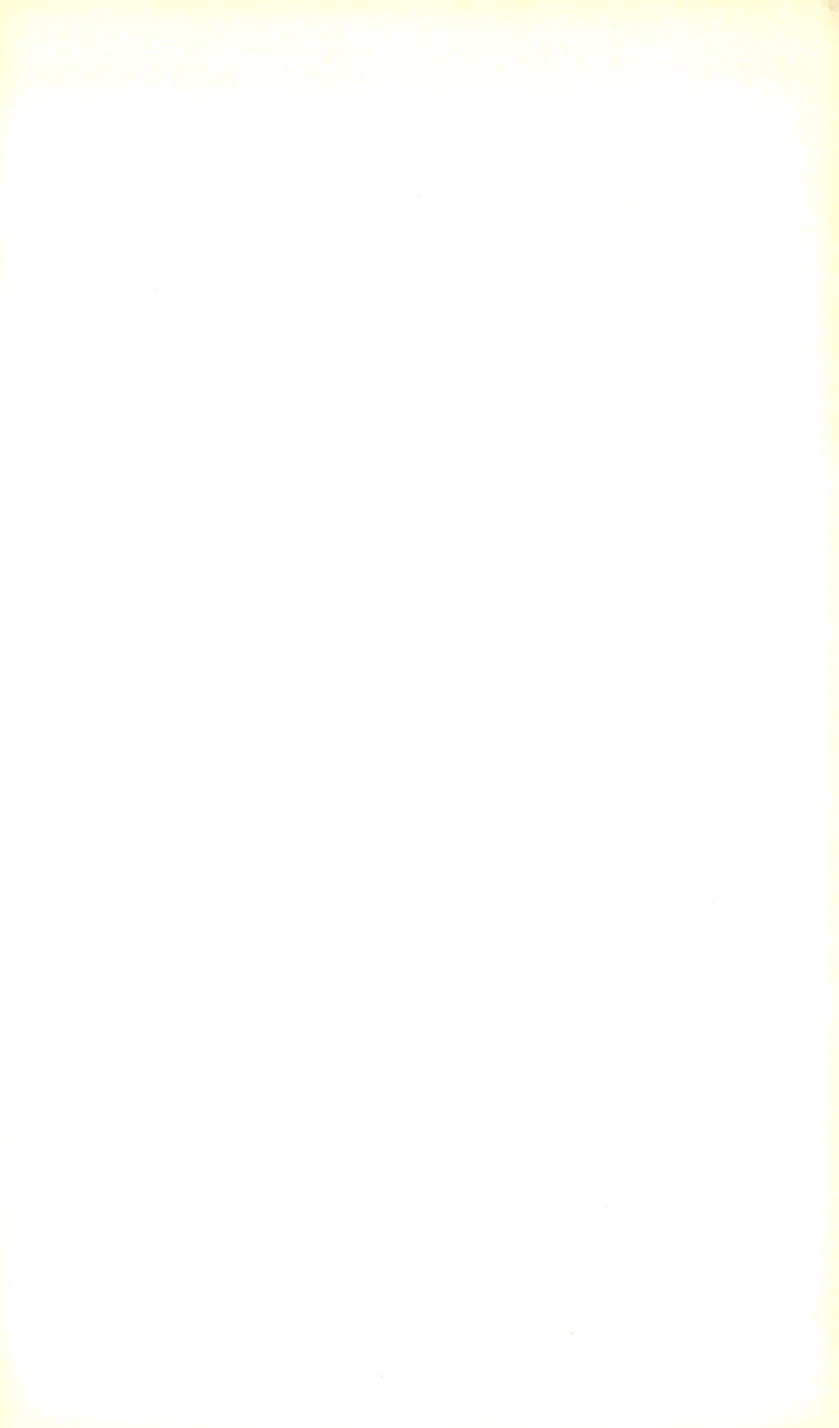

第2章

誰でもわかる、生命保険の価格構成

この章のポイント

生命保険の保険料は、〝原価〟と経費で成り立っています。

〝原価〟は保障にまわるお金、経費は生命保険を新規獲得したり、維持、集金などいろいろなことに使われます。

経費の割合は、年齢、男女差、手間のかかり具合などさまざまな条件で変わってきます。

定期保険と終身保険では、1年でみれば、経費の割合はかなり違いますが、ずっと払い続ければほとんど変わらない額になります。

この章では、保険料の内訳がどのようになっているかを見ていきたいと思います。

8

保険料（営業保険料）とは、どういうものなのだろう？

▼保険料は、保障（純保険料）と経費（付加保険料）で成り立っています。

肉でも野菜でも果物でも、**一般に売られている商品は、すべて価格のなかに経費が含まれています。**

経費というのは、流通にかかるお金であり、それを扱う人の人件費であり、宣伝などの費用であり、売る側の利益も含まれます。

たとえば、原価1万円のダイヤモンドの原石が、銀座の高級宝石店で１００万円で売られるケースを考えてみましょう。

なぜ1万円のものが、最終的に１００万円になってしまうかというと、掘り出したダイヤの原石がネックレスになるまでには、それ相応の手間と経費がかかるからです。掘り出された原石は、運搬され、磨きをかけられ、加工されるという過程のなかで、立派なネックレスになります。いろいろな業者が間に入っているぶん、業者へのマージンもバカになりません。しかも、

どんな商品にも経費が上乗せされて価格が決まる

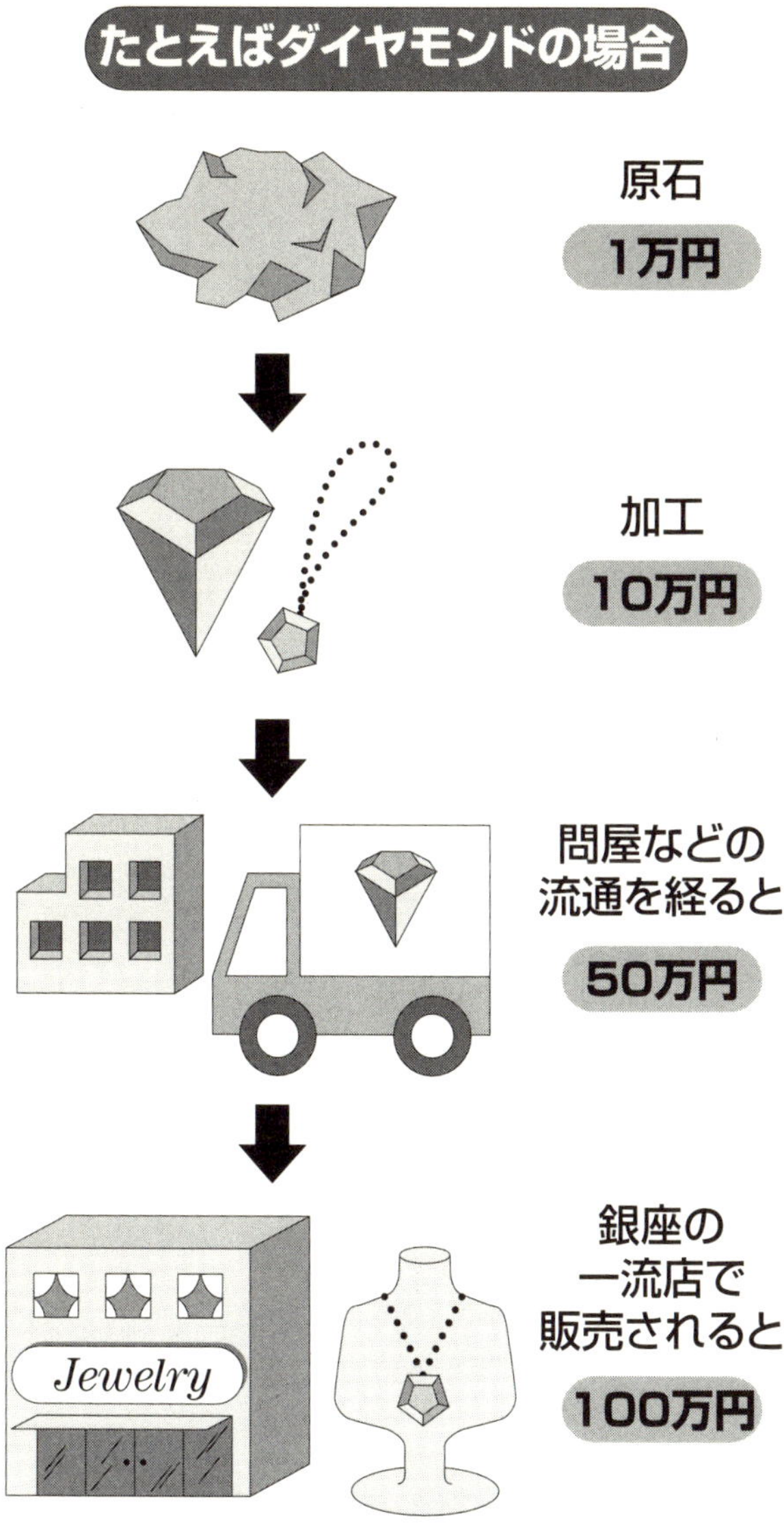

銀座の一等地にある店に並べるわけですから、たとえ掘り出したときの原石の値段が1万円だとしても、ネックレスとして売り出されるときには１００万円になるのはうなずけます。

この〝売る〟という観点から見れば、金融商品も例外ではありません。

金融商品というと、実態が見えにくいので、通常で販売されているモノのように経費がかかっているということがピンとこないかもしれません。けれど、企業経営はボランティアではありませんから、金融商品といえども、民間企業が扱っている以上は、経費を差し引いた後に利益が残らなければ、商売をする意味がありません。つまり、**なんらかのかたちで、〝原価〟にこの経費が上乗せされているということ**です。

たとえば、預貯金の場合、確かに1万円預けたら、必ず利息がついて1万円以上の金額で戻ってくるので、経費を引かれているということが実感できないかもしれません。けれど、1万円を預かった金融機関では、そのお金をいろいろなところに貸し付けて皆さんに支払う利息の何倍もの金額を稼ぎ、そこで皆さんに戻す利息を含めた利益と経費を出しているのです。

私たちは、長い間、金融鎖国を続けてきた日本という国で、大蔵省出張所のような位置づけで採算意識やコスト意識の低かった銀行とばかりつきあってきたので、金融商品の経費というものに鈍感になってしまっています。けれど、実は、通常の物品を買うときと同じように、**金融商品を買うときにも、私たちはそれなりの経費負担をしている**のです。

金融商品の価格の内訳

株 → 株券の取引額 ＋ **取扱手数料**

住宅ローン → 元金 ＋ **金利**

外貨預金 → TTSレート、TTBレート（**取扱手数料**を含む）

生命保険 → 保険料（保障 ＋ **経費**）

〰〰 の部分が、金融機関にとっては儲けにつながる部分。

ただ、ひと口に金融商品と言っても、買った金融商品に対して一定割合で００円というように、別途に手数料として経費が引かれるものと、全体の価格のなかに含まれているものがあります。

前者は株や投資信託などで、買ったときに、株の価格や投資信託の価格とは別に、手数料を支払うようになっています。為替の絡む外貨預金なども、円を外貨に替えるときのレート（ＴＴＳレート）、外貨を円に替えるときのレート（ＴＴＢ）に、それぞれ手数料が含まれています。

けれど、こうしたものとは違い、生命保険の保険料というのは、全体の価格のなかに経費が含まれています。つまり、私たちが支払っている生命保険の保険料というのは、保障という、いわゆる生命保険の〝原価〞といえるものに、**販売したり、保険システムを維持していくうえでのさまざまな経費を乗せた価格**ということです。

生命保険の基本的な仕組みは、加入者が出し合ったお金を、不幸な目にあった人がもらうというものです。たとえば、１００人が年１万円ずつお金を払い、そのうちで年に１人が死亡したら、その死亡した人の遺族に、集めた１００万円が渡るシステムです。

ただ、実際の生命保険運営は、ボランティアで行われているのではありませんから、システムを運営していくうえでさまざまな経費がかかり、みんなから集めた１００万円が、そのまま

保険料の内訳

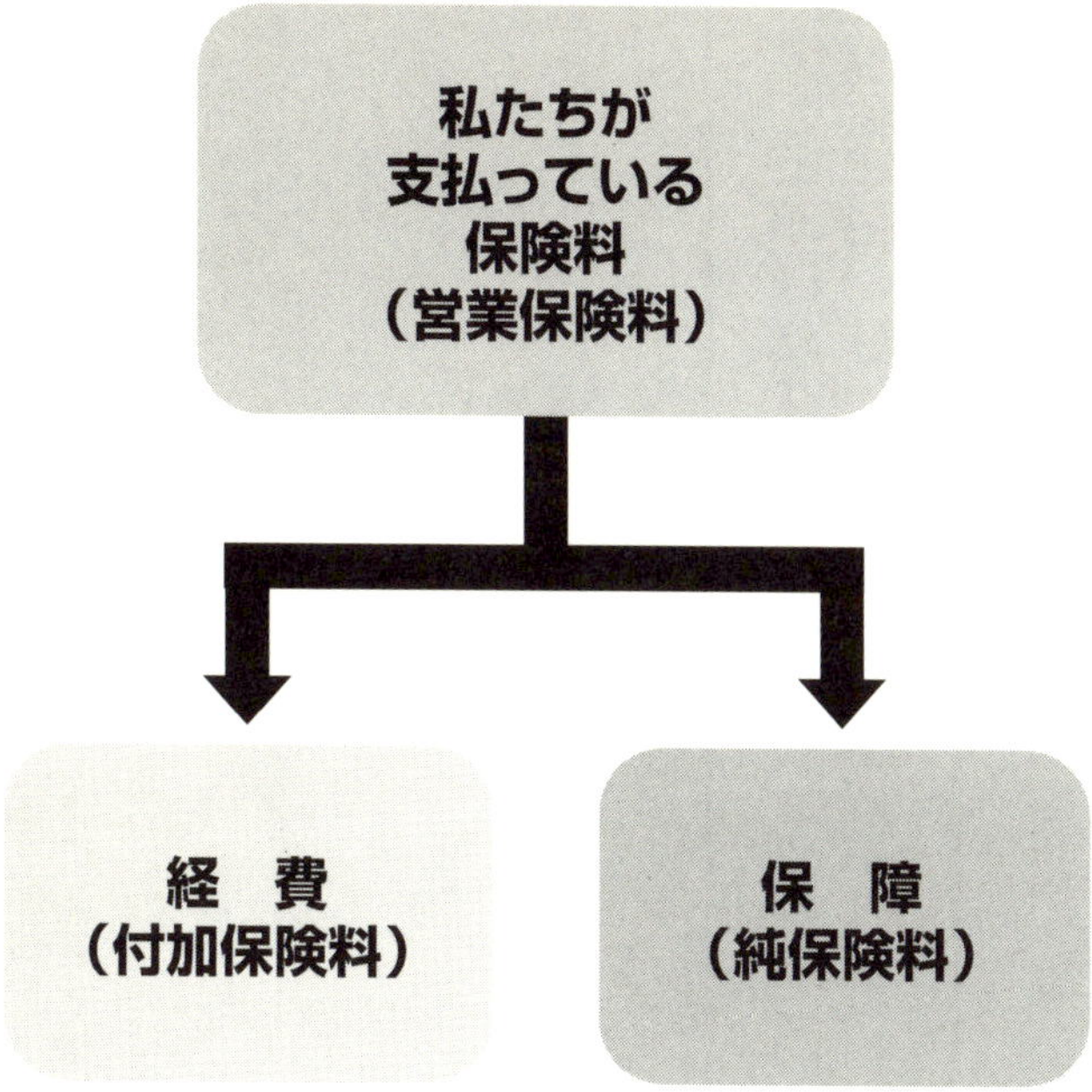

- 私たちが支払った保険料は経費（付加保険料）と保障（純保険料）とに分けられる。
- 経費は、新しく契約を獲得したり、保険料の集金や保険の維持・管理のために使われる。税金なども含まれる。
- 保障にまわされるお金は、満期返戻金や死亡保険金などに使われる。

全額、遺族の手に渡るというわけにはいきません。その**経費分も、加入者で負担していかなくてはならないので、それだけ余計に保険料を支払わなくてはいけない**ということになります。

保険を運営していくには、純粋に保障にまわるお金のほかに、同時に保険システムの維持・管理のためのお金も加入者から徴収しなくてはならないということです。

保険では、この**保障にまわる部分のお金を純保険料**といい、**経費にまわる部分のお金を付加保険料**と言います。そして、この2つの料金を合わせたものが、私たちが実際に保険会社に支払っている保険料なのです。この保険料のことを保険用語では、営業保険料と言います。

私たちが保険会社に支払う保険料（営業保険料）は、すべて保険の保障（純保険料）にまわされるのではなく、**それなりの経費（付加保険料）がそこから差し引かれている**のだということは、まず、しっかりと覚えておきましょう。

POINT 8

生命保険は、肉や野菜や宝石などのふつうの商品同様、価格のなかに経費が含まれている。

9

保険料の保障（純保険料）と経費（付加保険料）の内訳は、どうなっているの？

▼年齢、扱う手間のかかり具合などで、保障と経費の割合はケース・バイ・ケース。

私たちが支払う生命保険の保険料は、保障にまわるお金（純保険料）と経費にまわるお金（付加保険料）の合計になりますが、この割合というのは、保険の種類や加入している人の年齢、支払い方法など、さまざまな条件によって**ケース・バイ・ケースで変わってきます。**なぜなら、同じ死亡保障をする保険でも、定期保険のように、10年、15年という比較的短い一定期間の保障をする保険と、終身保険のように長期にわたる保障をする保険では、支払う保険料も保障される期間も違うからです。また、同じ種類の保険でも、年齢や性別によって、同じ保障をするにしても、支払う保険料が違ってくるので、それに応じて経費の比率は変わってくることになります。

ただ、傾向として言えることは、**保険料が安い保険ほど、経費の割合は大きくなる傾向にある**ということ。

生命保険は、死んだら保険金が出る、病気になったら給付金が出るという契約で、加入者から保険料を徴収したり、加入者から請求があったら支払いをします。高い保険に入っているから支払い通知に特別にいい紙を使うとか、安い保険だからお知らせが届かないなどということはありません。高い保険に入っている人だから手間ひまかけて特別扱いするということはないのです。

同じくらいの経費をかけているなら、**支払う保険料が安い保険ほど全体に占める経費の割合は大きくなる**ということになります。

一般的には、定期保険と終身保険を比べると、同じ条件で同じ保障を得る場合、保険料に占める経費の割合は、終身保険のほうが小さくなります。また、同じ保険でも、年齢が高いほうが、経費の占める割合は小さくなる傾向にあるのも、このためです。

POINT 9

一般的に、保険料が安い生命保険ほど経費の割合は大きくなる。

保障と経費の割合は、条件によって変わる

※定期保険・男性・期間10年・保険金1000万円に対して

10

定期保険と終身保険、どちらが経費が安く済むの？

▼比率はかなり違って見えますが、結局、同じくらいの経費を払うことになります。

定期保険と終身保険を比べると、左の表を見ていただくとわかるように、保険料に占める**経費の割合は、定期保険のほうがグンと大きくなっています。**

同じ40歳の男性で、死んだら１０００万円の保険金が出る定期保険と終身保険を比較してみましょう。

定期保険の場合、ある国内生命保険会社で、5年ごとに運用での利益だけが配当としてもらえるタイプの保険に加入すると、月払いの保険料は３７８０円になります。この保険で、保障と経費の内訳を見ると、保険料の３７８０円のなかから、保障にまわるお金（純保険料・生保標準生命表１９９６修正死亡率使用）は１９４０円。保険の維持・管理にまわるお金は１８４０円となります。

３７８０円の保険料のうち１８４０円が保険の維持・管理の経費になるということは、支払

定期保険と終身保険の経費の割合

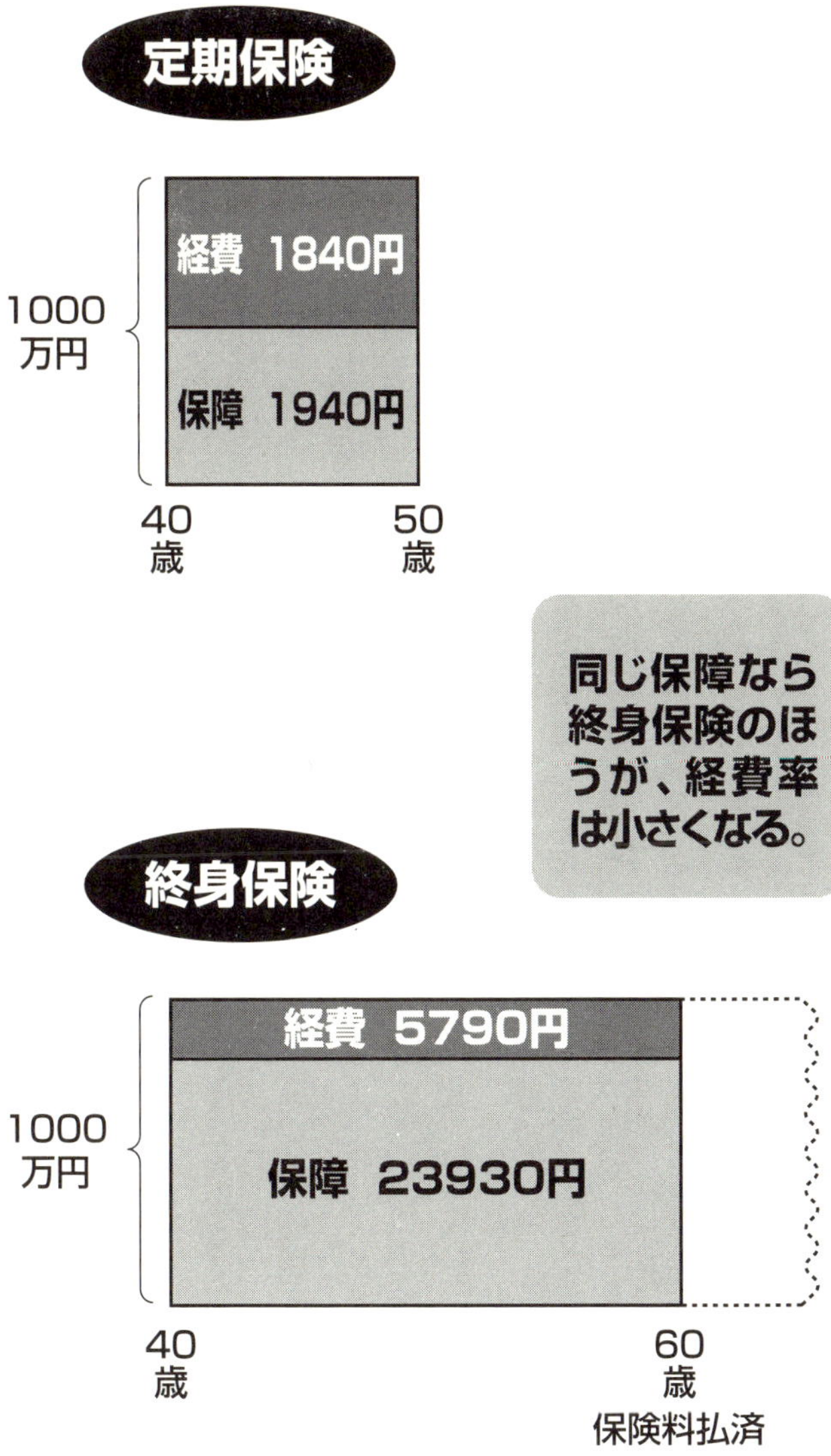

※定期保険・男性・期間10年・保険金1000万円に対して

った保険料のうちの約49%が経費ということで、率だけを見ると経費がかなり多いという気がします。

一方、同じ40歳、１０００万円という条件で終身保険に加入すると、保険料に占める経費の割合はどうなるのでしょう。

一般的な60歳までに一生涯の保険料を払い込んでしまうタイプ（払い済み）の終身保険に加入したとすると、月の保険料は、２万９７２０円。このうち、死亡したときの保障にまわる金額は、２万３９３０円で、保険の維持・管理にまわる経費は５７９０円となります。

２万９７２０円のうち経費が５７９０円ということは、経費率は約20%ということで、率だけみると、終身保険のほうが定期保険よりも割安な気がします。

ただ、経費率では確かに終身保険のほうが安いのですが、金額を比べてみると、同じ１０００万円の保障を得るためにかかる経費は、定期保険なら１８４０円で済みますが、終身保険だと５７９０円もかかり、**終身保険のほうが約3倍も大きくなります。**

なぜ、こうなるのかというと、終身保険の場合、40歳から60歳までに一生涯の保障を確保するだけの保険料を払い込んでしまうタイプだと、定期保険と違って**そのぶんの保障のための料金や運営の経費も、あらかじめ60歳までに徴収**しておかなくてはなりません。しかも、終身保険の場合、保険料を払い込んだ後も保障が続き、人間誰でもいずれは死ぬので、必ず保険金が出ます。ですから、一定期間の保障しかしない定期保険に比べると、保障に必要な金額は上がります。

経費も、60歳までに一生ぶんの経費を徴収するのですから、高くなります。ただ、経費というのは、保障に比例して徴収されるのではなく、実際の事務手続き等でどのくらいのお金がかかるかという計算から徴収されます。

ですから、保障にまわる金額が多いのに比べると、比率的にはそれほど大きくなくなるわけです。

保険というのは、年齢や加入する保険の種類などで、経費の割合や金額も変わってきますが、基本的には、**なるべく不公平が起きないように設計されています**。ですから、会社によって、経費についての考え方の差も出てきていますが、同じ会社で扱っている商品なら、**最終的にはどちらかがトクということはありません。**

POINT 10

定期保険と終身保険の経費は、割合がかなり違うが、最終的な支払い額は不公平にはならない。

11

同じ保険なら、年が若いほうが経費率が上がるの？

▼同じ保障をするにも、若いと保険料が安いぶん、経費の割合は高くなります。

同じ保険で、同額の保障をするにも、**年齢が若いほうが、支払う保険料に占める経費の割合が高くなる**のはどうしてでしょう？

たとえば、ある男性が、加入後10年間、死んだときに１０００万円の保険金が出る定期保険（5年ごと利差配当付き）に入ったとしましょう。そして、この男性が、30歳で加入した場合、40歳で加入した場合、50歳で加入した場合、60歳で加入した場合をそれぞれ比較してみましょう。

まず、30歳で加入した場合は、保険料２５４０円。うち経費にまわる金額は１７００円で、保険料全体に占める経費の割合は約67％です。

これが、40歳になると、同じ保険に加入するのに、保険料は３７８０円とアップし、このうちの経費にまわる金額は１８４０円となり、保険料に占める経費の割合は約49％と下がります。

年齢ごとに変わる保険料と経費の割合

※定期保険・男性・期間10年・保険金1000万円に対して

支払う保険料が上がっても、
経費はそれほど大きく上がらない。

これが、50歳になると、同じ保険に加入するのに保険料は７１２０円と上がり、このうち経費にまわる金額は２１３０円となり、保険料に占める経費の割合は約30％とかなり下がります。

さらに、60歳男性だと、保険料は1万５３９０円とかなり高くなりますが、経費のほうは２５２９円とそれほどは高くはならず、保険料に占める経費の割合は約16％と、かなり小さくなります。こうしてみると、30歳の男性の場合、支払った保険料のうち約7割が、肝心の保障ではなく経費で消えてしまうのですから、なんだか経費ばかりが目立って、とてもソンをしているような気がします。

けれど、年代別に見るとわかるように、経費率は年を経るごとに下がっています。これは、年を経るごとに同じ保障を確保するにも保険料がアップし、その**アップした保険料に対して、それほど経費が増えていない**からだということがわかるでしょう。

保険料を見ると、30歳、40歳、50歳、60歳と年齢が上がっていくにつれて、同じ１０００万円保障の10年定期保険でも、２５４０円、３７８０円、７１２０円、1万５３９０円と、かなりのピッチで上がっていきます。30歳と60歳では、約6倍の保険料になっています。これは、年齢が上がれば上がるほど、死亡する確率が高くなるので、そのぶん、保障に支払うお金の金額もアップするからです。

ただ、保障はアップしても、これと比例して経費がアップするわけではありません。30歳、

保障と経費の上昇率の違い

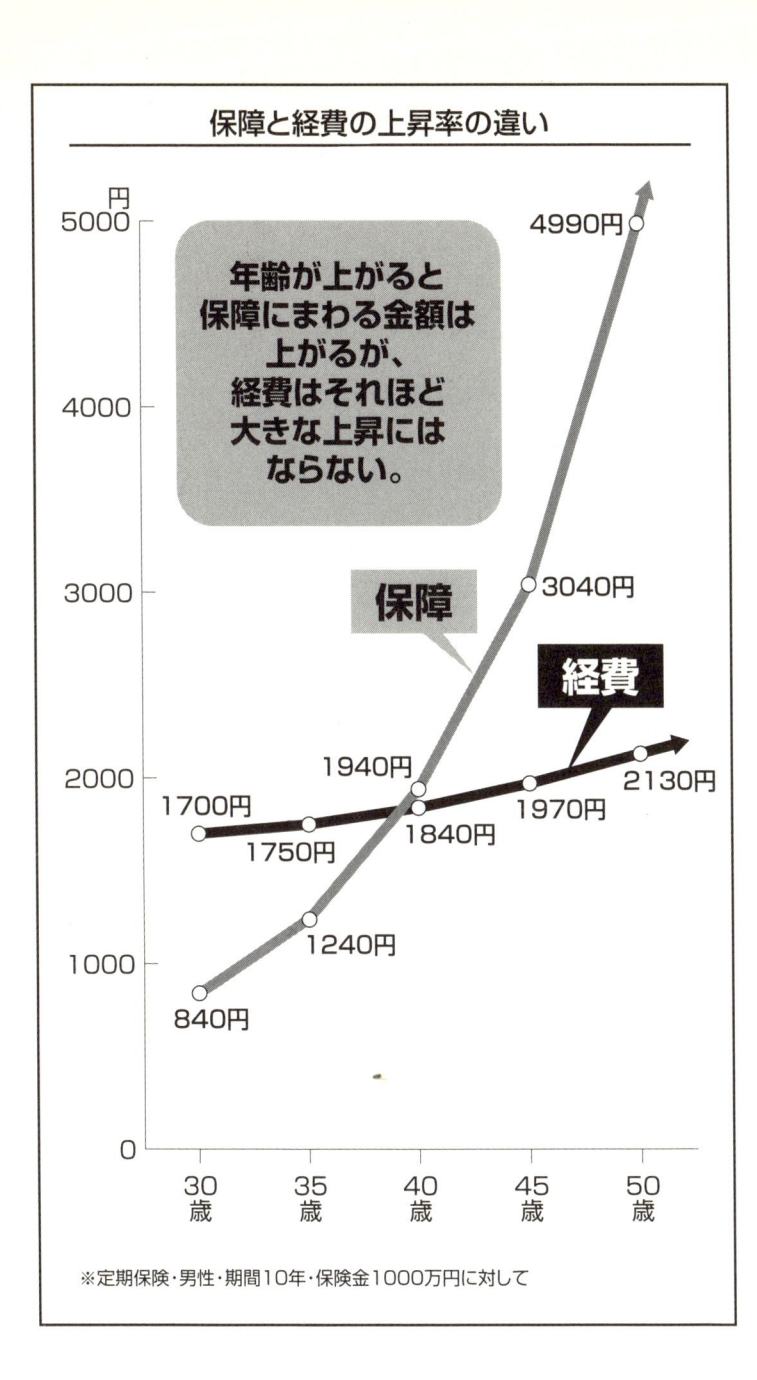

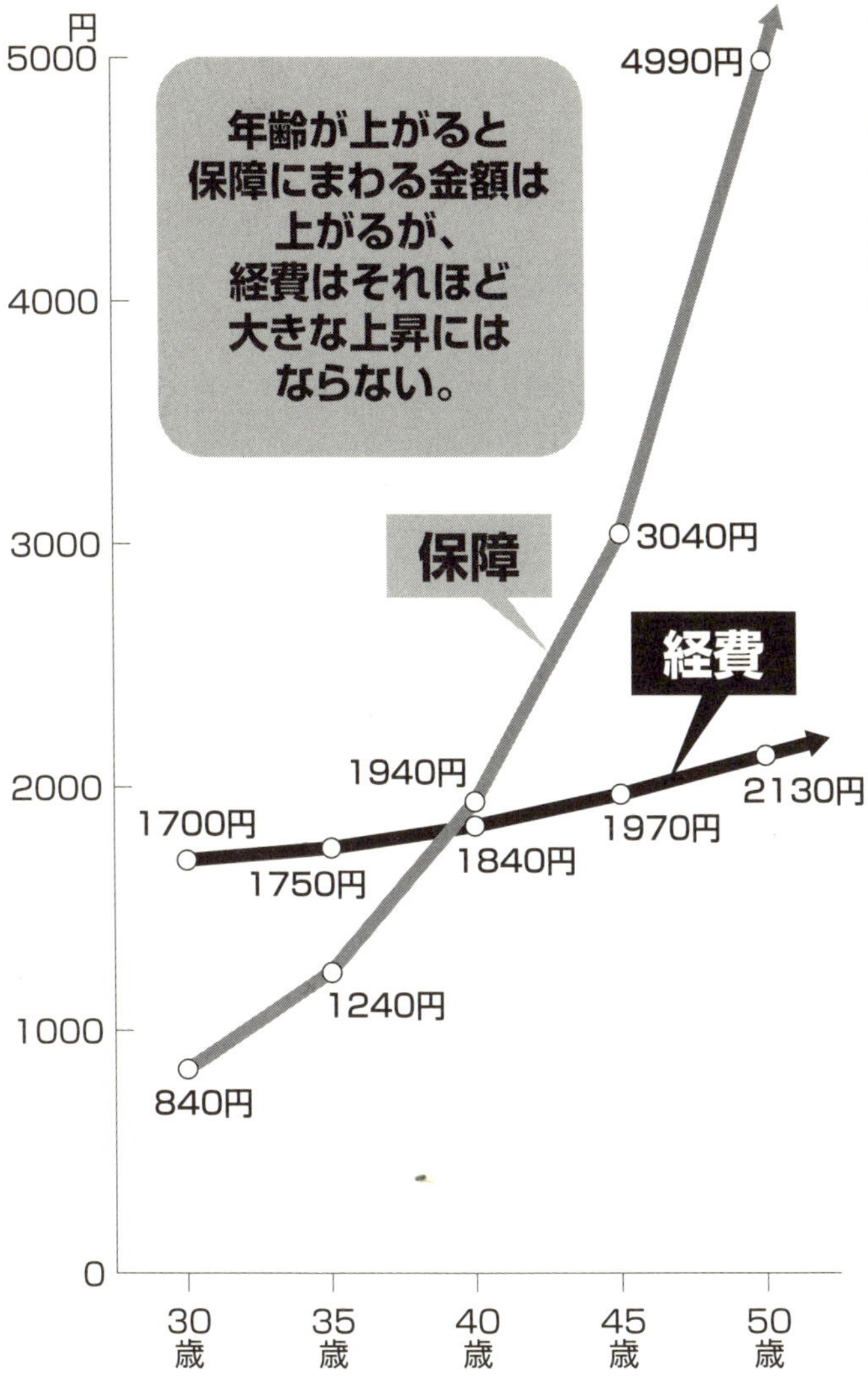

※定期保険・男性・期間10年・保険金1000万円に対して

40歳、50歳、60歳で支払う保険料のなかの経費を見ると、１７００円、１８４０円、２１３０円、２５２９円と、多少は増えていますが、保障の額ほど急激ではありません。30歳と60歳を比べても、せいぜい１・５倍の範囲。

つまり、同じ定期保険に加入していても、年齢が上がると、死亡する確率がアップするのでそのぶん保障面で必要とされる金額は高くなりますが、保険自体は、同じような方法で募集され、同じようなシステムで維持・管理できるのですから、**経費の面ではそれほど徴収を増やさなくてもいいということ**です。ただ、保険料が高くなると、多少なりと保険料を徴収するときの経費も増えるので、そのぶんは費用もかかるということ。

ですから、若くして生命保険に入っている人ほど、保険料が安いぶん保険料に占める経費の割合は大きくなり、年配になるほど経費の割合は小さくなりますが、これは、**同じ保険なら、年齢によって保障額は違ってくるけれど、経費についてはそれほど変わらない**からだということなのです。

POINT 11

若いときの経費率が高くてソンをしているように見えるのは支払う保険料の額が少ないから。

第3章

生命保険の経費は、いくらかかる？

この章のポイント

生命保険の経費は、契約を取るための費用、保険を維持するための費用、集金の費用、と大きく3つに分けられます。

経費の決め方は、会社によって変わりますが、保険料や保険金の額に比例させて決めている場合が多いよう。

保険会社による経費の差は最大3割。

新規の生命保険の募集方法や集金の方法などを変えて、コストダウンを図る会社もでてきています。

12

経費（付加保険料）にまわる保険料は、どんなところに使われるのだろう？

▼経費は、契約を取るための費用、保険を維持するための費用、集金の費用などに使われます。

生命保険は、多くの人の手で販売されたり管理されたりしていますから、商品として成り立つためには、それなりの経費がかかります。

ざっと挙げてみても、保険を集めてくる営業職員への支払いマージン、生命保険加入の際に診察する医師の診察料、保険の維持・管理をする保険会社の職員の給料、事務所維持費やコンピュータなどの設備費、事務用品など、さまざまなところにお金がかかります。また、言われないと気づかないという人が多いのではないかと思いますが、毎月、銀行から自動的に引き落とされる保険料の振込手数料の負担も、保険会社が経費のなかから出しているのです。さらに、コマーシャルやイベントなどの広告・宣伝費など活動のための費用も、支払った保険料のなかから出ていきます。

こうした経費は、保険料を徴収する際に、保障にあてられるお金と併せて支払うことになって

経費はこんなことに使われる

予定新契約費	新しく契約を獲得するための経費	・営業職員への報酬 ・募集代理店への報酬 ・テレビ・新聞などの宣伝費 ・パンフレットなどの制作費 ・ダイレクトメールの発送費 など
予定維持費	保険期間を通して、保険を維持・管理していくための経費	・配当金などの支払い、振込業務費用 ・保険内容に関する加入者への通知費用 ・生命保険会社の役員・内勤職員の人件費 ・生命保険会社の本社・支社のビル管理費 など
予定集金費	保険料を集金するのに必要な経費	・集金人の人件費 ・銀行などへの手数料 ・加入者への通知費用 など

いるのです。つまり、私たちが支払っている保険料（営業保険料）というのは、保障にまわされる保険料（純保険料）と経費にまわされる保険料（付加保険料）の合計ということになります。

経費にまわされる保険料（付加保険料）は、大きく3つに分けられます。

1. 新しく契約を獲得するための経費（予定新契約費）。
2. 保険期間を通して、保険を維持・管理していくための経費（予定維持費）。
3. 保険料を集金するのに必要な経費（予定集金費）。

この3つの経費を合計したものが、私たちが支払う保険料のなかの経費部分となります。こうした経費は、どういう基準で決められているかといえば、会社によっても違いますが、ほぼ次の4つのパターンを採用しているところが多いようです。

A. イザというときに保険会社が支払う約束をしている保険金に比例させて料金を決める。
B. 毎月支払う保険料や、その保険料のなかの保障にまわる保険料に比例させて料金を決める。
C. 保険金や保険料ではなく、1つの契約について固定金額いくらという一定額で料金を決める。
D. ABCのそれぞれを、状況に合わせていろいろ組み合わせ、料金を決める。

保険料のなかでも、保障にまわされる保険料は、統計的な確率で計算されているので、勝手に保険料を上げたり下げたりするということはできません。しっかりとした統計に基づいた料

保険料の決め方は4つのどれかに

A 保険金に比例させる。

B 保険料に比例させる。

C 1つの契約につき、固定した一定額で決める。

D 上の3つの組み合わせで決める。

金を徴収しなくては、先々の保険運営に支障をきたすことになるかもしれないからです。

実は、経費についても、先々の保険運営に支障をきたすことがないように計算されています。

保険料については、認可制なので、保険会社が勝手に決めることはできません。会社運営上での健全性が考慮されなければならないので、値下げしたいと言っても、決算を分析し、値下げして将来の会社運営に支障をきたさないという結論に達しないと、オーケーが出ないのです。保険料の値下げについては、その財源がどうか、会社としての体力がどうかということが、厳しく問われることになります。

それだけに、今後は、値下げ余力のある会社と値下げが認可されない会社との差は大きくなる可能性もあります。

POINT 12

経費は、人件費や宣伝費、集金費用など、さまざまなものに使われている。

13

保険を獲得するための経費は、どのくらいかかるの？

▼会社にもよりますが、保険金に比例させているところが多いようです。

生命保険は、イザというときのために備える商品ですが、誰にも言われず、自発的に「死んだときに備えよう」「病気に備えよう」と考えて、進んで保険に入るという人は意外と少ないようです。

すでに生命保険に入っている人に聞くと、自分ではそれほど必要性を感じていなかったのだけれど、職場によく来る保険の営業職員の方の話を聞いていたら、やはり必要かなと思って入ったというケースが多いようです。

もちろん、営業職員の方はボランティアではありません。ですから、職場をまわって、加入に興味を持つ人にアドバイスをしたり、場合によってはプレゼントを渡したりして保険の必要性をアピールし、その結果として契約がもらえた場合には、保険会社はその見返りとして、保険に見合ったマージンを営業職員の方に払うということになります。保険会社が払うといっても、**実際は、加入者の保険料から支払うことになります。**

保険加入時に必要な費用は、それだけではありません。保険会社では、営業職員や代理店が営業しやすい環境を作ったり、加入者に医者などの診断を受けさせるなどしますが、こうしたものにも経費がかかってきます。

こうした、募集のためにかかる経費をまとめて、**新しく契約を獲得するための経費（予定新契約費）**と言います。

新しく契約を獲得するための経費（予定新契約費）の額は、保険会社各社で違いますが、全体的な傾向としては、**加入する保険の保険金に比例**させて徴収しているという会社が多いようです。

たとえば定期保険の場合、以前ははじめに死亡保険金の０・８％程度を、その後毎年保険料の１～２％を対象にするという会社が多かったようですが、現在は、初年度は**死亡保険金の0・6％程度を経費**として、その後毎年保険料の０～６％をあてているという場合が多いようです。死亡保険金額の０・６％ということは、保険金１０００円につき6円ということですから、保険金１０００万円の契約ならば6万円。３０００万円の契約なら18万円、５０００万円の契約なら30万円ということになります。

最近は、この保険の募集でかかる経費を、人件費のあまりかからない**通信販売などを利用す**

一般的な新契約獲得のための経費の目安

	予定新契約費 保険金比例	予定新契約費 保険料比例
終身保険（5年毎利差配当付）	初年度 2%	年 1～2% （加入年数によって変わる）
養老保険（5年毎利差配当付）	初年度 2.5%	年 1～2% （加入年数によって変わる）
定期保険・特約（5年毎利差配当付・無配当）	初年度 0.6% （一部0.8%タイプもある）	年 0～6% （年齢と満期までの期間によって変わる）

ることによって低く抑えようという保険会社も出てきています。

たとえば、通信販売で保険を募集している某社の場合には、募集のための人件費があまりかからないために、初年度の経費は保険金１万円に対して２円。つまり、保険金１０００万円で２０００円、３０００万円で６０００円、５０００万円で１万円となっています。ただ、この通信販売の保険では、初年度は、営業職員に支払う成功報酬などがないぶん経費がかからないのですが、その代わり、通信販売ですから、常に広告などを打って、存在をアピールしていかなくては加入者を募集できません。そのために、保険加入後も毎年、死亡保険金ではなく月の保険料の６％を保険募集の経費として引いています。

ただし、通信販売の保険すべてが、このように、経費をカットして割安にして売られているわけではありません。通信販売でも、会社によって大きく違います。

POINT 13

保険獲得のための経費は、一般的には定期保険で死亡保険金の０・６％程度。

保険の募集費用はけっこうかかる。

14

保険を維持・管理するための経費は、どのくらいかかるの？

▼会社にもよりますが、保険金に比例させているところが多いようです。

生命保険というのは、売ったら終わりという商品ではなく、客が加入したら満了するまでは、その保険を維持・管理していかなくてはなりません。そのためには、**それなりの経費（予定維持費）がかかります。**

保険を維持・管理していく人は、ボランティアでやっているわけではないので、それなりの給料を支給しなくてはなりません。保険会社も巨大化しているので、役員や会社で働く職員などの人件費だけでもバカにならない額です。また、保険会社は、駅前の立地の良いところに、本店、支社を構えていますが、こうした物件費なども維持・管理費に入ります。さらに、保険を合理的に維持・管理するためには、コンピュータの導入などの設備投資も必要となってきます。こうした経費は、**保険の加入者が負担**します。

そして、その額は、保険金に比例して決めている会社が多いようで、たとえば定期保険だと、

一般的な保険を維持・管理する経費の目安

	予定維持費 保険金比例
終身保険（5年毎利差配当付）	年0.205%
養老保険（5年毎利差配当付）	年0.205%
定期保険・特約（5年毎利差配当付・無配当）	年0.105%

保険金に対して年０・１０５％程度が多いようです。この数字で計算した場合、保険金１０００円につき１・０５円が維持・管理の経費（予定維持費）ということですから、保険金１０００万円の保険に入っていたら、毎年１万５００円を維持・管理に支払うということです。保険金３０００万円の保険に入っていたら毎年３万１５００円、保険金５０００万円の保険に入っていたら毎年５万２５００円を払うことになります。

ただし、保険金の維持・管理の経費というのは、保険金額が多くなるからといって、必ずしもこれに比例して増えるというわけではありません。保険金１０００万円の保険でも保険金５０００万円の保険でも、コンピュータで保険状況を打ち出して加入者に知らせる手間は同じです。

ですから、保険金３０００万円以上とか保険金５０００万円以上といった**高額な保険になると、それなりの割引がつくのが一般的**です。

POINT 14

保険を維持・管理する経費は定期保険だと保険金の０・１０５％が多いよう。

15

保険料を集金するための経費は、どのくらいかかるの？

▼会社にもよりますが、保険料に比例させているところが多いようです。

あたりまえのことですが、保険に加入すると、加入した保険の保険料を支払わなくてはなりません。

保険料は、加入者が毎月、保険会社に納めに行くわけではなく、集金人が来てくれたり、あるいは銀行で引き落としされたりします。わざわざ集金人が来てくれる場合には、その給与などの人件費がかかります。銀行口座引き落としでも、振込手数料は保険会社持ち。また、加入者に郵送される保険料支払い案内なども、タダでプリントされるわけではありませんし、切手代も生命保険会社の負担になります。これらはみんな保険料に含まれています。

保険料を集金する経費（予定集金費）は、通常は、保険料に比例して決まってきます。これについては、年払いだと、**保険料の3％**ほどを見込んでいる会社が多いようです。

たとえば、掛け捨ての定期保険の場合だと、保険料の年間の支払額が10万円だったとすれば保険の維持・管理費は３０００円。30万円だったとすれば９０００円。50万円だったとすれば、１万５０００円ということになります。

ただし、保険料は、年払いで支払われるものばかりではありません。月々の給料から支払うのが一般的なので、現在の支払い方法は、月払いが主流だと言ってもいいでしょう。

この月払いにしても、集金人が、毎月、わざわざ集金に行く方法もあれば、月に一度、銀行口座から引き落とされる場合もあります。銀行口座引き落としというのは、保険会社に振り込みをするということで、その振込料は保険会社持ち。ただし、集金よりは安くなります。また、月に一度の引き落としではなく、半年に一度というのもあります。

さらに、一度で全額を支払ってしまう、全期前納や一時払いという支払い方法もあり、支払い方法によってもかかる経費は違ってきます。

もちろん、月払いよりも年払い、年払いよりも一括払いのほうが**コストがかからないぶんだけ経費負担が減り、そのぶん、保険料も安くなります。**

POINT 15

集金の経費は年払いで保険料の年３%。銀行口座月払いで保険料の年４・５%。

保険料を集金するのに必要な経費の目安

保険料を集金するのに必要な経費は、保険料に対して、下のような割合で決められているケースが多い。

支払う保険料に対して

- **年払い、団体月払い－年3%**
- **集金月払い――――――年6%**
- **銀行口座月払い―――年4.5%**

※ただし、昔の保険では年9%もあります。

16

保険の経費を圧縮すると、保険料は最大どれくらい安くなりますか？

▼商品によっても違いますが、最大で3割くらいの差は出ます。

保険に加入するときに負担しなくてはいけない経費（付加保険料）には、削れるものと削れないものがあります。

生命保険の経費には、新しく契約を獲得するための経費（予定新契約費）、保険期間を通して保険を維持・管理していくための経費（予定維持費）、保険料を集金するのに必要な経費（予定集金費）の3つがありますが、保険に加入する以上、それを維持・管理するための経費というのは、なかなか削れません。多少は業務のスリム化などができても、保険の状況をそのつどチェックして保険料支払いの連絡の通知を出すようなことは、年1回にするというわけにはいかないからです。また、集金でかかる経費も、保険料の銀行口座引き落としの場合、通常は、毎月、保険会社が銀行口座からお金を引き落としています。これを、加入者の負担にし、毎月、きっちり振り込んでもらうというわけにはいかないでしょう。

通信販売の保険の経費

●大手生命保険会社の スタンダードな保険の場合

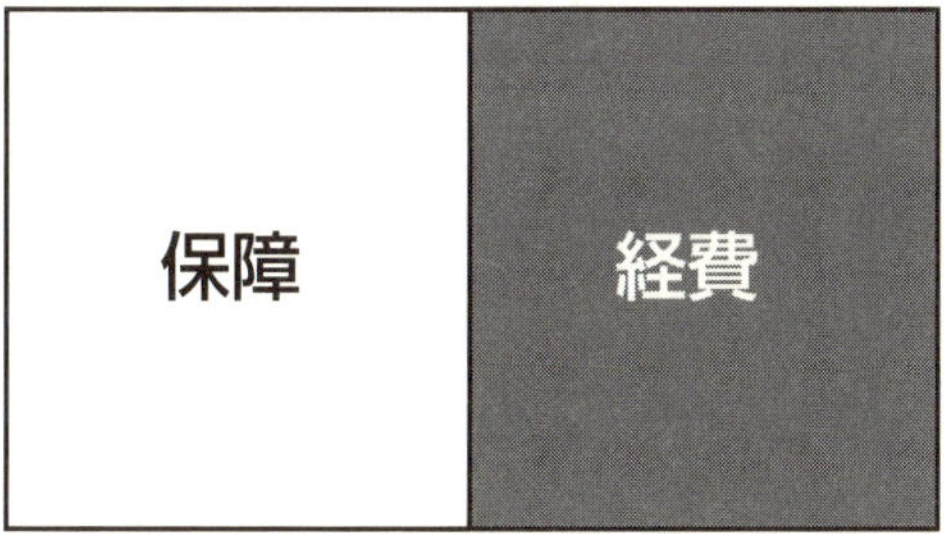

●経費をカットした 通信販売の保険の場合

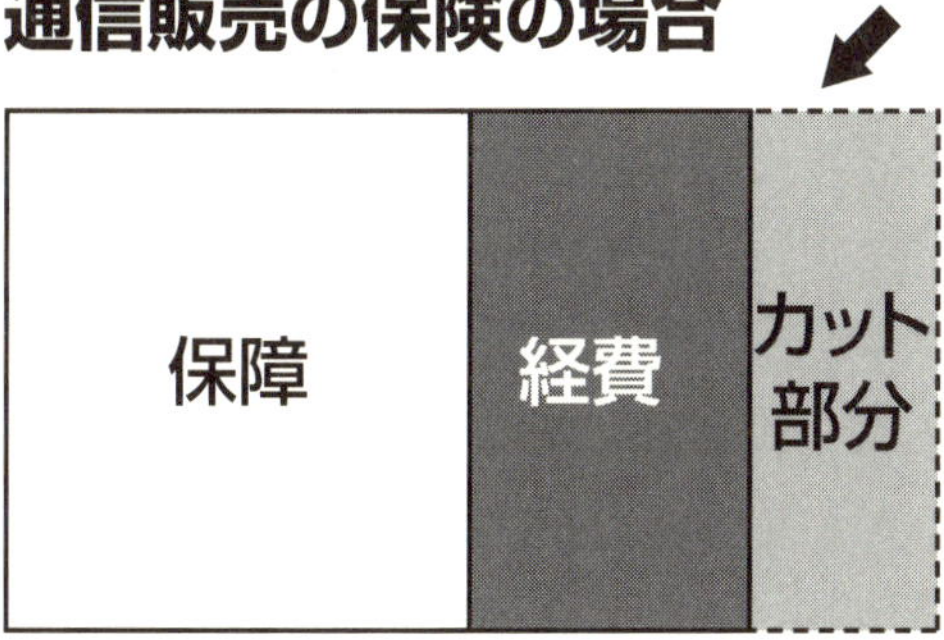

※定期保険・40歳男性・期間10年・保険金1000万円に対して

ですから、保険を維持・管理するための経費や、集金のための経費は、削るといっても難しい面があります。もし大きく**削れる経費があるとすれば、新しく契約を獲得するための経費**。

現在、保険の募集の主流は、営業職員による勧誘で行われています。けれど、一部では、電話やインターネットの発達などで、ダイレクトに保険会社から情報収集ができたり、電話での相談やネット上で保険の比較ができるようになっています。加入の申し込みも、電話やインターネットを通じてできるようになり、大手生命保険会社のなかにも、インターネットに乗り出すところが。つまり、保険も、通信販売で購入できる時代になったということです。

通信販売の基本は、申し込みをしてきた人に対応するものですから、保険の3つの経費のうちの、新規契約を取るための経費をかなりコストダウンすることができます。たとえば、日本で最初に、大々的に通信販売の保険を始めたオリックス・ダイレクトの場合、保険によっては、従来型の生保と比べると**最大3割も保険料が安く**なっています。これは、募集にかかる費用を大幅カットしたからです。

POINT 16

削ることが最も可能な経費は、新契約獲得のための経費。

この章のポイント

第4章 保険の〝保障〟とは、どんなもの？

保険料のうち、保障にまわるお金は、死んだときの保障、病気のときの保障、貯蓄としての保障の3つがあります。

生命保険は、1人が全員のためにお金を出し、全員の出したお金が不幸にあった1人のために使われるという相互扶助の精神で成り立つ商品。

死亡する確率や、病気になる確率をもとにいくら集めればイザというときに支払うことができるかを数値として正確にはじきだした商品なのです。

17

保障（純保険料）にまわる保険料は、どんなところに使われるのだろう？

▼〝死んだときの保障〟〝病気のときの保障〟〝貯蓄としての保障〟に振り分けられます。

生命保険の基本というのは、死んだら保険金が出るということ。つまり、**死亡保障が基本**です。どんな生命保険であっても、この基本の死亡保障がついていなくては、生命保険とは言えません。さらに、最近は、病気になったらお金が出る、満期になったらお金が出るという保障がつけられた商品もたくさん出ています。

生命保険会社から売り出されている保険は、多種多様ですが、実は、保障面だけで見ると、大きく分けて3つしかありません。**〝死んだときの保障（保険金がもらえる）〟〝病気になったときの保障（給付金が出る）〟〝貯蓄としての保障（お金が戻る）〟**で、生命保険は、この3つの保障が、さまざまに組み合わされて成り立っています。

たとえば、商品別に見ると、定期保険という商品は、一定期間だけ〝死んだときの保障〟を確保した商品ですし、終身保険は、一生涯のどこで死んでも、〝死んだときの保障〟を確保しどれにも死んだときの保障がついている！

た商品です。医療保険というのは、〝病気になったときの保障〟を確保している商品ですが、生命保険である以上、病気の保障をするだけでなく、必ず何らかの死亡保障もついています。ですから、医療保険の場合、入院したり手術したときに給付金が出るだけでなく、最低50万円程度の死亡保障がついているというケースが一般的です。

養老保険という、貯蓄を目的にした保険もあります。養老保険に入る人の目的は〝貯蓄〟ですが、生命保険である以上、死亡保障もついています。養老保険では、満期に戻ってくる金額と同じだけの死亡保障が、保険期間中についているというのが一般的です。

つまり、**生命保険というのは、最もシンプルに言えば、〝死んだときの保障〟が必ずついていて、さらに〝病気になったときの保障〟、〝貯蓄としての保障〟のそれぞれをつけたり、2つ一緒につけたりできる商品**だと思えばいいでしょう。

より理解しやすいように、定食に置き換えて考えてみるといいでしょう。

〝死んだときの保障〟をごはん、〝病気になったときの保障〟〝貯蓄としての保障〟をそれぞれおかずA、おかずBとします。この定食には、基本的にはごはんが必ずつき、おかずはA、Bのどちらを選んでつけてもいいし、両方選んでもいい。おかずなしで、ごはんだけというのもありです。

仮に、ごはんが３００円で、おかずAが５００円、おかずBが２００円の場合、ごはんとお

保障の組み合わせ（特約を除く）

※それぞれの商品には、別途特約として病気保障、貯蓄保障が付けられる。

	死んだときの保障	病気になったときの保障	貯蓄としての保障
定期保険			
終身保険			
定期付 終身保険			
養老保険			
定期付 養老保険			
夫婦保険			
医療保険			
介護保険			
こども 保険			
貯蓄保険			
個人 年金保険			
夫婦 年金保険			

かずＡの組み合わせなら８００円になります。けれど、ごはんとおかずＢの組み合わせになると５００円。ごはんも、おかずＡも、おかずＢもという組み合わせなら１０００円。ごはんだけなら３００円になります。ただし、ごはんなしでおかずだけというメニューはありません。この組み合わせ方を、生命保険に置き換えてみましょう。

生命保険である以上、この定食のように、ごはん（死亡保障）が必ずついて、おかずＡ（病気保障）、おかずＢ（貯蓄保障）をごはんに組み合わせることになります。

ただ、一見、ごはんとおかずＢの組み合わせのように見えて、実は、ごはんそのものという商品もあります。たとえば、終身保険という商品です。終身保険というのは、一生涯の死亡を保障する保険ですが、一定の年齢までに生涯ぶんの保険料を払い込むタイプなら、ある程度のところで解約するとお金が戻ってくるので貯蓄性もあります。これは、ごはん自体がてんこ盛りになっていて、食べ残したぶんを、お金で引き取ってもらうようなもの。もし、一生涯かけて全部を食べ尽くすなら、死亡保険金は出ますが、貯蓄部分は戻りません。

POINT 17

生命保険は、死亡保障と病気保障、貯蓄保障の組み合わせ。

郵便はがき

料金受取人払

渋谷局承認

3092

差出有効期限
平成13年7月
31日まで
※切手を貼らずに
お出しください

150-8705

009

〈受取人〉
東京都渋谷区
神宮前 6−12−17
株式会社 ダイヤモンド社
「愛読者係」行

フリガナ		生年月日		男・女
お名前		M T S 年 月 日生		
ご勤務先 学校名		所属または 学部・学年		
ご住所	〒 電話 （ ） FAX （ ） 自宅・勤務先 ● 電子メール・アドレス （ ） ※上記のメールアドレスに出版情報をお送りしてよろしいでしょうか （ はい ・ いいえ ）			

◆該当する項目を○で囲んでください

あなたの職業	01 会社員 02 経営者 03 公務員 04 教員・研究者 05 コンサルタント 06 学生 07 主婦 08 自営業 99 その他（ ）
あなたの役職	01 会長・社長 02 役員 03 部長・次長クラス 04 課長クラス 05 係長・主任クラス 06 専門職 07 一般社員 99 その他（ ）
あなたの職種	01 経営全般 02 企画・調査 03 総務 04 法務・知的財産・特許 05 電算 06 経理・財務 07 人事・教育・労務 08 宣伝・広報 09 販売・営業 10 商品開発・商品企画 11 デザイン・設計 12 環境・安全 13 製造・生産 14 技術・研究開発 15 海外業務 16 購買・資材 99 その他（ ）

◆本書をお買い上げいただき、誠にありがとうございます。
◆お手数ですが、以下のアンケートにお答えください。

該当する項目を○で囲んで下さい

◆本書へのご感想をお聞かせください

◎内容について	a.とても満足	b.満足	c.普通	d.よくない
◎わかりやすさについて	a.とても満足	b.満足	c.普通	d.よくない
◎デザインについて	a.よい	b.普通	c.よくない	
◎定価について	a.高い	b.ちょうどいい	c.安い	
◎本の形について	a.厚い	b.ちょうどいい	c.薄い	
	a.大きい	b.ちょうどいい	c.小さい	

◆本書へのご意見をお聞かせください

◆本書をご購入されました店名をお教えください

市区町村名　　店名

◆本書をお買いあげになった動機をお教えください

01新聞広告で見て　02雑誌広告で見て　03店頭で見て　04人から薦められて
05書評を見て　06小社からの案内を見て　07図書目録を見て
99その他（　　）

◆小社の図書目録の送付を希望されますか

01希望する　02しない

◆著者へのメッセージがございましたらお書きください

（次回作はどんな内容のものを期待しますか）

※ご協力ありがとうございました。

【生命保険の原価】600325（44）3350

各保険の経費・保障・貯蓄部分の構成の違い

定期保険	経費	死亡保障	
定期付終身保険	経費	死亡保障	
終身保険	経費	死亡保障	
養老保険	経費	死亡保障	貯蓄部分
定期付養老保険	経費	死亡保障	貯蓄部分
夫婦保険	経費	死亡保障	
医療保険	経費	死亡保障	医療保障
介護保険	経費	死亡保障	医療保障
こども保険	経費	死亡保障	貯蓄部分
貯蓄保険	経費	死亡保障	貯蓄部分
個人年金保険	経費	死亡保障	貯蓄部分
夫婦年金保険	経費	死亡保障	貯蓄部分

18

〝死んだときの保障〟とは、どういうものだろう？

▼1人が全員、全員が1人のためにお金を出す相互扶助の精神で成り立つ保障です。

生命保険に入るということは、入った時点で、**自分が加入した保険の団体にお金を出す**ということです。そして、その団体のなかで、死んだり病気になったりする人が出てきたら、自分が出したお金は、その人のために使われます。

たとえば、99人が入っている保険に、自分も加入してメンバーが１００人になったとします。その一人ひとりが年に1万円ずつお金を払うと年に１００万円集まります。もし、その保険に加入しているメンバーが、毎年1人ずつ亡くなるとすると、最初の年は１００人から集めた１００万円を、死んだ人の遺族がもらうことになります。次の年は1人亡くなって99人になっていますから、次の年に亡くなった人は99万円もらうことになります。その翌年は、メンバーが98人ですから、1人死亡したとすると、その遺族は98万円もらうことになります。こうして、メンバーが増えずに、毎年1人ずつ亡くなっていくとすると、一番長生きした1人は、自分は

99万円も支払ったのに、死んでも皆からは一銭ももらえないということになります。

実際には、死亡保障は一年ごとに精算されます。また、前章でも説明したように、支払保険料には経費も含まれます。ですから、払った保険料がまるまる保障にまわるわけではありませんが、ここでは死んだ人がお金をもらえるという死亡保障の考え方を把握してもらうために同年齢の１００人でスタートする生命保険を思い浮かべてください。

生命保険では、生命表をもとにして死亡の確率から、あらかじめ徴収する保険料が決まります。ある集団のなかで、**1人が全員のためにお金を出し、全員が出したお金を1人のために使うシステム**で成り立っています。

よく「どの保険に入れば、トクでしょう」というような質問をされます。けれど、保険には、ソンもトクもありません。しいて言うなら、**加入してから早く死んだ人ほどトク。**

前述の例で言えば、最初に死んだ人は、１万円しか払っていないのに１００万円もらいました。けれど、最後まで生きていた人は、自分は99万円も払ったのに他の人からは一銭ももらうことなく、自分が支払った99万円は、すべて自分より前に死んだ人が受け取りました。

けれど、それをソンだのトクだのと言い切れないのは、保険の場合は、加入してすぐに死んだからトクかといえば、命と引き換えのお金なので誰もトクをしたとは思わないからでしょう。逆に、最後まで人のためにお金を払い続けた人は、結果的に多額のお金を払うことになっても、それだけ長生きできたわけですからソンをしたという感覚はないでしょう。どんなに多額の死亡保障の保険に加入していても、自分が払う保険料は、自分が死なない限りはすべて他の死んだ人の遺族にまわされます。死んだときの保障については、**生きている限りは、払っている保険料は、掛け捨てになっているのです。**

確かに、一生涯の死亡を保障する終身保険などは、60歳くらいになって解約すると、ある程度、まとまったお金が戻ってくるので、一見すると掛け捨てではなく貯蓄性があるような気がします。けれどそれは、一生涯の保障を確保するためのお金を払ったのに、保障してもらうのを途中でやめたので、当然その後の保障にまわされるはずのお金が戻されるだけです。

皆さんが払い込んだ、死んだときの保障となる保険料は、皆さんと同じ保険に加入したなかの誰かが死んだときに使われます。もし、予定よりも死ぬ人が少なくてプールしたお金が余ったという場合、その時々に余ったお金は精算され、配当というかたちで加入者全員に分けられることになるのです（死差配当）。

POINT 18

生命保険は、1人が全員のためにお金を出し、全員が出したお金を1人のために使うシステム。

果たして、どちらが幸せか？

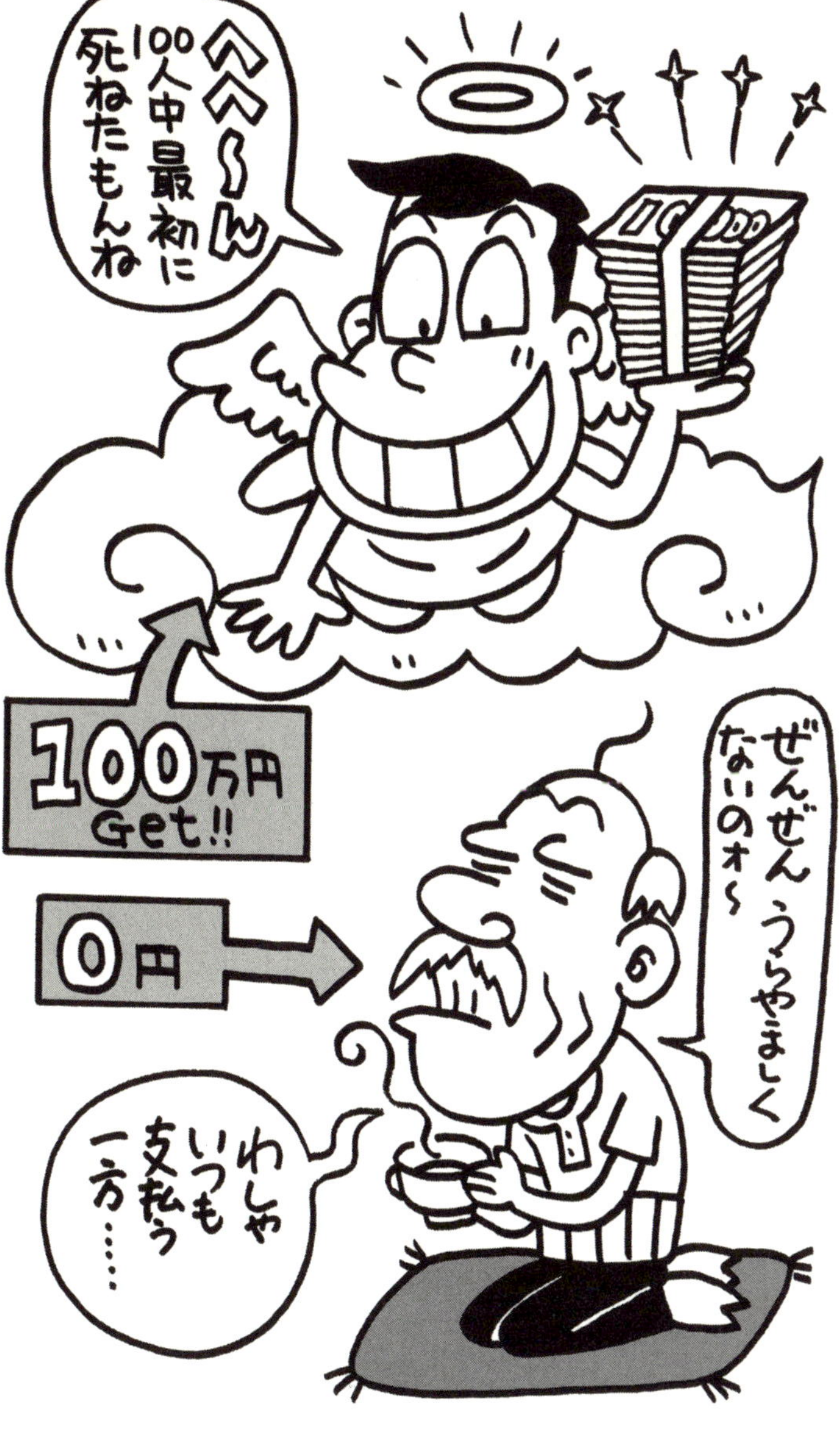

19

死亡率は、どうやって出すのですか？

▼偶然に思える〝死〟も、データで見ると一定の確率が見えてきます（大数の法則）。

私たちは、通常は、自分が死ぬ瞬間を予測することはできません。死は、偶然のようにやってくるからです。

けれど、この偶然も、統計的に見れば、ある程度の予測が立てられます。

たとえば、「平均寿命」というものがあります。これは、平均的な命の長さで、「日本人の平均寿命」といえば、日本人が、何歳まで生きたかの平均値。「沖縄の女性の平均寿命」といえば、沖縄に住んでいる女性が対象ということになります。

誰も、自分の寿命を知ることはできませんが、ただ、「平均寿命」という統計で、だいたいどのくらいまでなら生きられそうだというような見当はつきます。

同じように、一人ひとりの死は予測できなくても、一定の集団のなかで、年間どれくらいの人が亡くなるかという統計を重ね合わせていけば、どれくらいの割合で死ぬかという死亡確率を割り出すことができます。死亡確率を割り出すことができれば、加入者からどれだけのお金を集めれば、そのなかで不幸にも亡くなった方に、これだけのお金を渡せるというような計算が成り立ちます。そして、**この確率こそが、生命保険の〝原価〟を計算するための基本**となっているのです。

わが国で、最初に完備されたこうした確率が作成されたのは、明治44年と言われています。その後、この数字は相次いで改訂され、現在、最も新しいものは、日本アクチュアリー会によって作成された、「生保標準生命表1996」です。

生命表には、国民あるいは特定地域の人を対象として統計的に死亡状況を表した「国民生命表」と、生命保険などに加入している人の実際の死亡統計から作成される「経験表」がありますが、生命保険会社では後者の「経験表」を使っています。この「経験表」にもいくつかのデータがあり、最も多く用いられているのが**「生保標準生命表1996」**です。この経験表の死亡保険用のものは、生命保険協会が、一定期間、一定の条件のもとで生命保険会社22社の情報提供を受けて基礎データを収集し、これによって死亡率のおおよそのものを作成し、さらに、より現実に近い数字にするために、理論的、数学的見地から3回の補整を加えて作成されました。

この経験表は、男女別になっていて、1歳刻みに、生存数と死亡数、死亡数を生存数で割った死亡率が出ています。

たとえば、10万人の男性が0歳で人生をスタートさせると、30歳までに生きている人は9万8152人。ただし、30歳で亡くなる人が82人出てくるので、30歳時点の死亡率は0・00084ということになります。これが50歳になると、生きている人が9万4769人。ただし、50歳で亡くなる人は359人いるので、50歳時点の死亡率は0・00379とアップします。さらに、70歳になると、生きている人が7万6129人になります。そして、70歳で亡くなる人は1908人いるので、70歳時点の死亡率は0・02506とアップします。こうして、106歳になったときには、ほとんど生存している人はいない状況になり、死亡率は1になります。

生命保険で、**死亡を保障する保険料は、この生命表の死ぬ人の割合から計算されます。**多少、この生命表を変形させた料率を使っているところもあるようですが、微々たる差なので、実際の保険料はそれほど変わりません。

POINT 19

加入者からどれだけのお金を集めれば、亡くなった人にお金を渡せるかという計算の基本になるのが死亡確率。

生命表による10万人の生存数は……

（男性の場合）

0歳	10万人
30歳	9万8152人
50歳	9万4769人
70歳	7万6129人
100歳	247人

資料:生保標準生命表1996

20

私たちは、どれだけ生きられるのでしょう？

▼生と死はコインの裏表、死亡率や生存率から平均の寿命が計算できます。

「生保標準生命表１９９６」を見ると、生存年数、死亡年数、死亡率と一緒に、「平均余命」というものが載っています。

平均余命とは、読んで字のごとく、**対象となる年齢の人が、確率でいくと、あと何年くらい生きられるかという年数を表した数字**です。

０歳の男性の「平均余命」は７６・７４歳となっています。これは、０歳で生まれたばかりの男の赤ちゃんは、確率で言えば、平均７６・７４歳まで生きられるということです。ですから、これは平均寿命と言うこともできます。これが女の赤ちゃんの場合だと、「平均余命」は８２・９４歳となります。ですから、やはり、統計的に見ると、男性より女性のほうが長生きするということになるのでしょう。

こうした表を見て、「あなたの平均余命は、あと○年」という数字を目にすると、死を宣告

男性と女性の平均寿命は、かなり違う
0歳
あと
76.74年
あと
82.94年
40歳
あと
38.30年
あと
43.89年

されているようで、ドキッとするという人がいます。なんだか、目の前の占い師に、自分の命のロウソクの長さを見せられて、それがどんどんと短くなってしまうような気がするのでしょう。

ただ、生命保険というのは、占いでもなければ、予言でもありません。また、平均余命が10年だからといって、10年経てば死ぬということでもありません。これは、あくまでも、統計的に見た生と死なのです。

そして、この「平均余命」が、どのように計算されるのかを知れば、統計的に見た生と死というのは、コインの裏表のような関係にあって、数字だけの無味乾燥なものだということがわかるはずです。

たとえば、「生保標準生命表1996」で40歳の男性を見ると、0歳のときには10万人でスタートしたのですが、この時点で2887人が死亡して、9万7113人になっています。この9万7113人も、いずれ106歳になるまでに徐々に死亡していくことになります。早いうちに死んだ人は、少ない年数しか生きていませんが、なかには、100歳を過ぎても元気で生きている人がいるわけです。生命表では、毎年、死亡する人の数がわかりますから、40歳の人のうち何人が、40歳以上、何年間生きたかという数字を出すことができます。そして、この人たちが、死亡するまで生きていた年数を合計すれば、全員が死亡するまでに、延べ何年間生

生命保険における死亡率

死亡率とは、10万人でスタートし、1年間に死亡する人の割合を、性別・年齢別に出したものだ。例えば、40歳まで生きている男性10万人中9万7113人に対し、41歳になるまでの1年間に死亡する人が151人だとすると、死亡率は9万7113分の151になる。

$$\text{死亡率} = \frac{\text{ある年齢に達した後、1年以内に死亡した人数}}{\text{その年齢に達した人数}}$$

（例）

$$\underset{\text{（死亡率）}}{0.00155} = \frac{151\text{人}}{97{,}113\text{人}}$$

きたかという数字が出ます。

実際に、40歳の男性9万7113人全員のケースで、それ以降にトータルで何年生きたかを計算すると、371万9428年になります。このトータルで生きた年数を、40歳の男性9万7113人で割ると、平均値、つまり1人あたりが生きた年数が、38・3年ということに。

この、38・3年というのは、単なる全員の生死の平均値であって、40歳の男性といっても、皆が皆、残り38・3年しか生きられないということではないのです。しかも、生命表を見ていただくとわかるように、40歳の男性が38・3年たって78歳になっても、その時点で死んだ人は4万813人で、なんと約1・2倍の5万6300人は生きているのです。81歳にならないと、死んだ人の数のほうが多くはなりません。

くどいようですが、生命保険というのは、占いではありません。データをもとに、きっちりと整合性を取りながら、**過去の生と死の確率から保険料を計算する、統計の世界**であり、数字の世界なのです。

POINT 20

統計的な「平均余命」をもとに年齢別の保険料が計算される。

21

死亡保障を買うための金額は、どうやって計算するの？（自然保険料）

▼同年齢のグループ内で、死亡する確率から計算されます。

生命保険では、基本的に、**毎年、みんなが支払ったお金をまとめて、その年に死んだ人の遺族が、そのお金を保険金として受け取る仕組み**になっています。

たとえば、同じ年齢、性別の１０００人のグループがあって、その年に、死亡のみを保障する保険に、１人10万円の保険料を支払ったとします。この保険料には、保険を維持・管理するための経費も含まれているので、仮に10万円のうち３万円を経費とすると、死亡の保障は１人７万円ということ。１０００人から７万円ずつ集めると、合計７０００万円になりますが、その１０００人のメンバーのなかで、２人が死んだと仮定します。この場合、７０００万円のお金を、死亡した２人の遺族がもらうことになるので、１人３５００万円の保険金がおりるということになります。

ただ、実際に保険に加入するときには、保険料を１人いくらずつ支払うかではなく、**イザと**

いうときにいくらの保険金が欲しいかで保険料が計算されます。

たとえば、40歳の男性の場合、「生保標準生命表１９９６」で見ると、９万７１１３人のうち、死亡するのが１５１人。この１５１人に１人１０００万円ずつの保険金を支払うとすると、必要になる保険金はトータルで１５億１０００万円。となると、保険の保障部分の負担は、年間に１人１万５５５０円ということになります。

実際には、この保障部分の保険料をいつ徴収して、どこで保険金を支払うかということで、**支払う保険料にも多少の差が生じます。**なぜなら、１５億１０００万円を年の初めに徴収し、年の終わりに保険金支払いにまわしたとすると、１年間、予定利率で運用して元金がそのぶん増えているからです。たとえば、予定利率２％としても、全体で３０２０万円の利息がつくことになりますから、そのぶん、保険料を安くしてもいいということになるからです。これだと１人１万５２４０円でよくなります。

けれど、話がややこしくなるので、ここでは、利息のことは度外視して、１万５５５０円とします。ただ、それなら保険料を１人１万５５５０円払えばいいのかといえば、そうはいきません。なぜなら、保険である以上は、その保険の維持・管理のための経費を負担しなくてはならないからです。生命保険の保険料には、保障のための費用だけでなく、新規契約のための費用、保険の維持・管理のための費用、保険料を集金するための費用がかかります。これらの経

自然保険料は年齢ごとに変わる

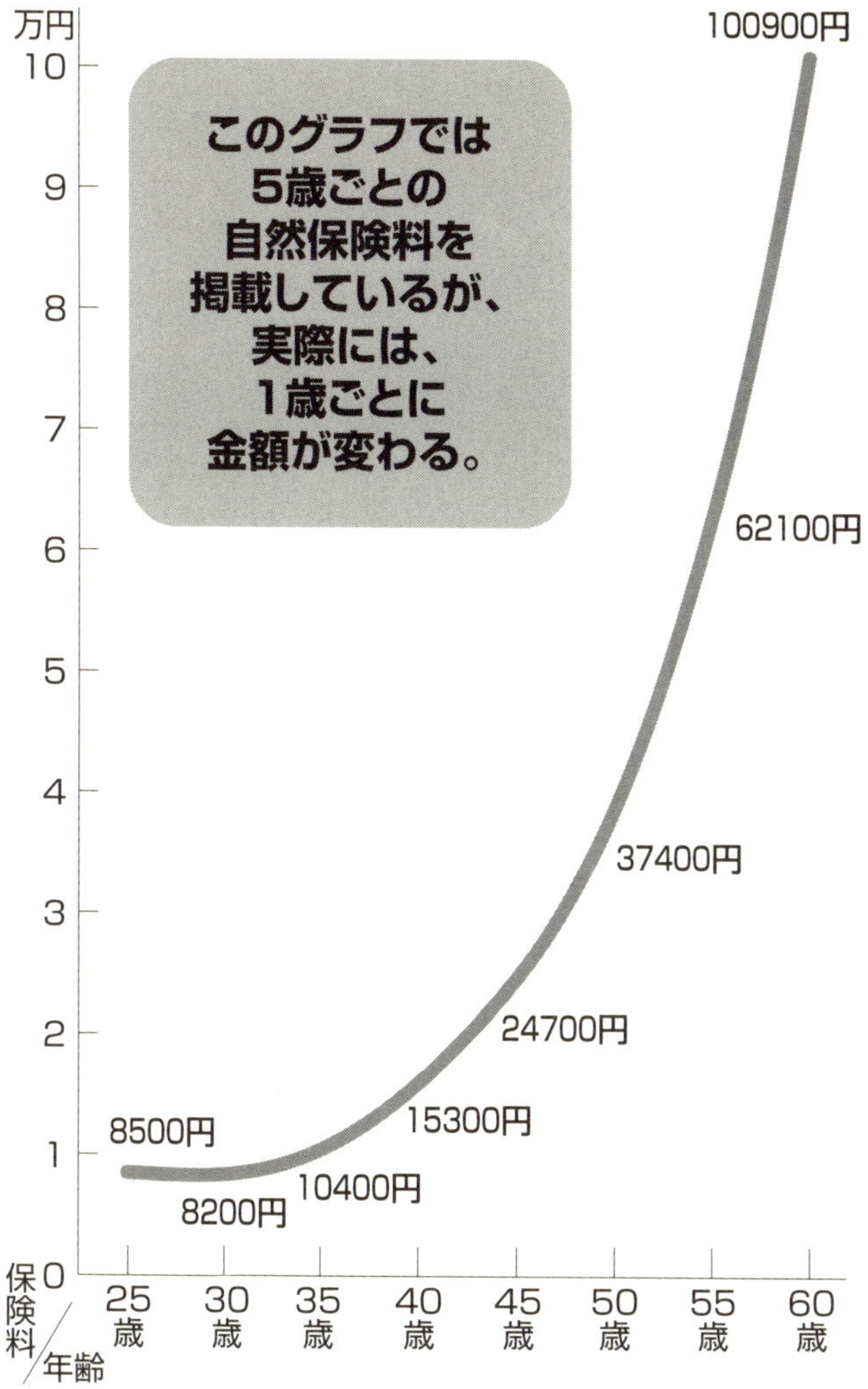

※定期保険・男性・期間10年・保険金1000万円に対して
予定利率：2.75%

費が合計で1万3976円かかったとすると、保険料は2万9526円ということです。

年間にこれだけの保険料を支払えば、もし自分が死んだとしても、遺族に1000万円の保険金が保険会社から手渡されるということになります。もし、このグループのなかで、家族に残す保険金が1000万円では心配だから、保険金を3000万円にアップしたいという人がいたとします。この場合には、保険料を1000万円の保険料の3倍の年8万8578円支払えば（ここでは、高額割引などはないものとして）、イザというときには3000万円の保険金が遺族に手渡されます。ただし、その人が、9万7113人の中で死亡する151人に入らず、1年後も元気だったら、支払った保険料は他の死亡した人のために使われますから、払っただけで戻ってこないことになります。

実際には、人は、統計どおりに、ぴったりの数で死んでいくということはありません。必ず、誤差が出てきます。保険では、多少の誤差が出てもあわてないように、配当などで誤差が調節されることになっています。

POINT 21

イザというときにいくらの保険金が欲しいかで保険料が計算される。

プルプル
30才グループ
まったくウチの嫁ときたら
なんかコッチのグループの方が長生きしそうな気がするんだけど・・・・
ヒソ
嫁イビリは楽しいやねえ
ケ
60才グループ
保険

22

年齢が上がっても、一定期間は保険料が上がらないのはどうして？

▼毎年保険料が変わると面倒なので、一定期間は均一にしてあるのです（平準保険料）。

「生保標準生命表１９９６」を見ると、年齢が上がるごとに死亡する確率が高くなって、それに連れて保険料も上がっていくことが数字でわかります。

ただ、実際に私たちが加入している生命保険では、毎年、支払う保険料がアップしていくというようなことは起きません。

なぜ、保険料がアップしていかないのかというと、**一定期間の保険料を平均化して支払うようにしているから**です。

たとえば、10年間、同じ保障の保険があり、１年目は保険料が1万円、２年目は1万１０００円、３年目は1万３０００円と、毎年１０００円ずつ保険料がアップしていったとします。10年経つと1万９０００円になり、10年でのトータル支払い額は１４万５０００円になります。

だとすれば、最初から毎年1万４５００円と決めて10年間支払っても、全体の収支はほぼ釣り合うということになります。

実際の計算をするときには、10年ならその間に死亡する人に対して支払う予定の保険金を出し、毎年、保険料を払い込む人の延べ人数を出し、支払い予定金額を延べ人数で割って、１人当たりが毎年、払い込む死亡保障部分の金額を出し、利息計算もします。これに、経費を足したものが、**10年間、毎年、払い込んでいく一定額の保険料**ということになります。

定期保険や定期付終身保険では、一定の死亡保障期間が終わって契約を更新すると、いきなり支払う保険料が大幅にアップします。

たとえば、30歳で保険金２０００万円の10年定期に入っていたときの支払い保険料が、月に５６４０円だったとします。ところが、40歳で更新した途端に８１６０円と、いきなり約２５００円も保険料がアップします。

生命保険で、**更新のときに保険料が上がる原因は、平均化する年齢が上がり、死亡率も上がるから**です。30代よりも40代のほうが、死ぬ確率が高くなるということです。しかも、平均化された保険料というのは、最初の年が最も割高で、最後の年が最も割安になります。前述の10年間、１０００円ずつ保険料がアップしていく例でいうと、最初の年の保険料は1万円なのに、これを平均化すると1万４５００円の保険料になりますから、最初の年は４５００円も多く支払わなくてはなりません。ところが、10年目は、本来ならば1万９０００円を支払わなくてはならないのに、１万４５００円でいいのですから、４５００円も保険料が安くなっているということです。そうなると、更新のときには、最初の10年のなかで最も安かった保険料から、次の10年のなかで最も割高な保険料に変わるわけで、そのギャップが大きくなるのはあたりまえ。

定期保険では、一定期間の支払いが平均化されますが、**終身保険という一生の保障をする保険では、一生涯を1つの期間として支払い保険料を平均化**させます。ですから、定期保険の更新のように保険料がアップするということはなく、一生涯、同じ保険料が続くことになります。ただし、定年退職で給料がもらえなくなったのに保険料を死ぬまで支払うというのは大変なので、たいていは、すべて60歳くらいまでに払い込んでしまいます。それ以降は、保険料を払わなくても保障が続くぶん多めに払い込んでおくわけです。ですから、若い頃に終身保険に加入すると、定期保険に比べて、驚くほど保険料が高くなりますが、これは、**払込終了後部分を前払いで一緒に支払っているから**です。

POINT 22

定期保険は一定期間の保険料が平均化され、終身保険は一生涯の保険料が平均化される。

平準保険料の仕組み

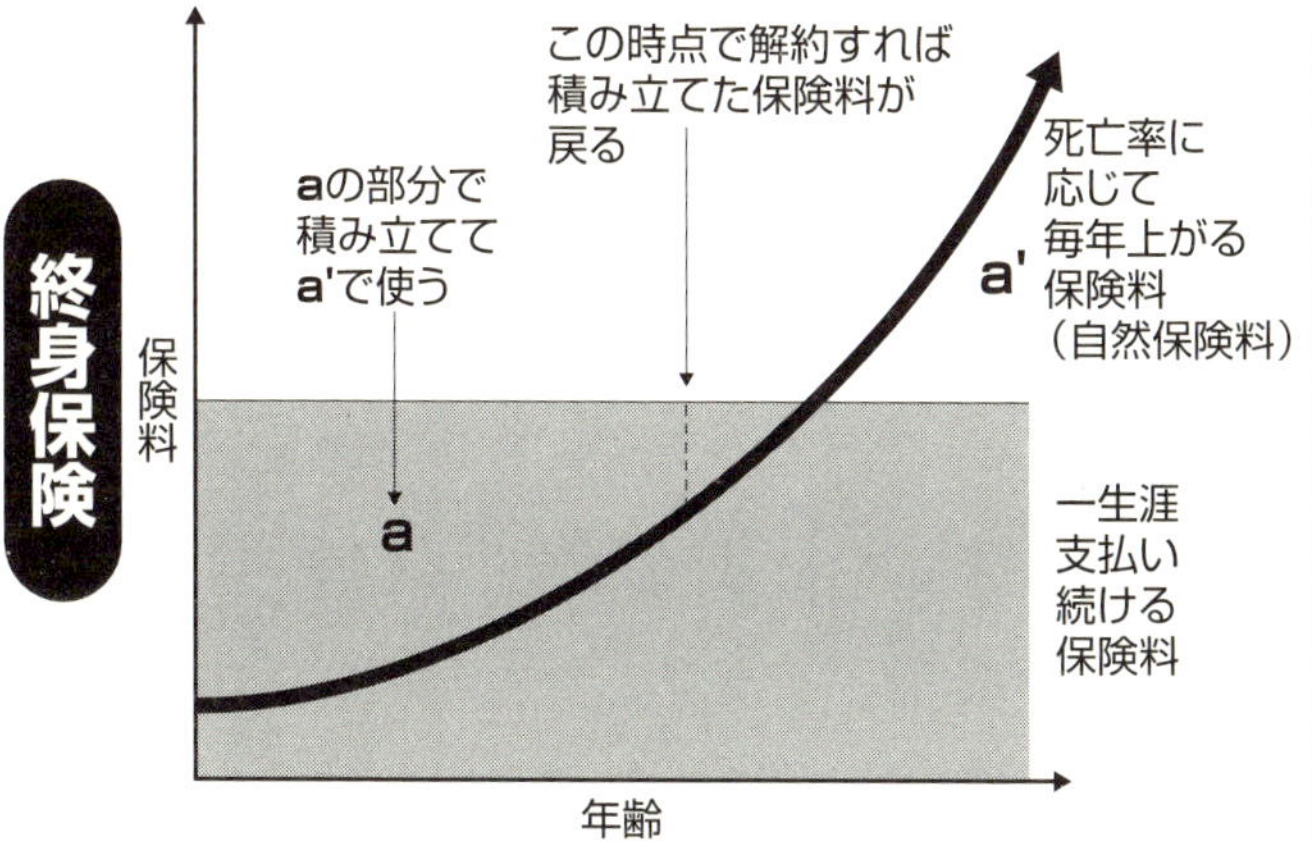

（実際にはaの積み立てにさらに運用益等が加わる）

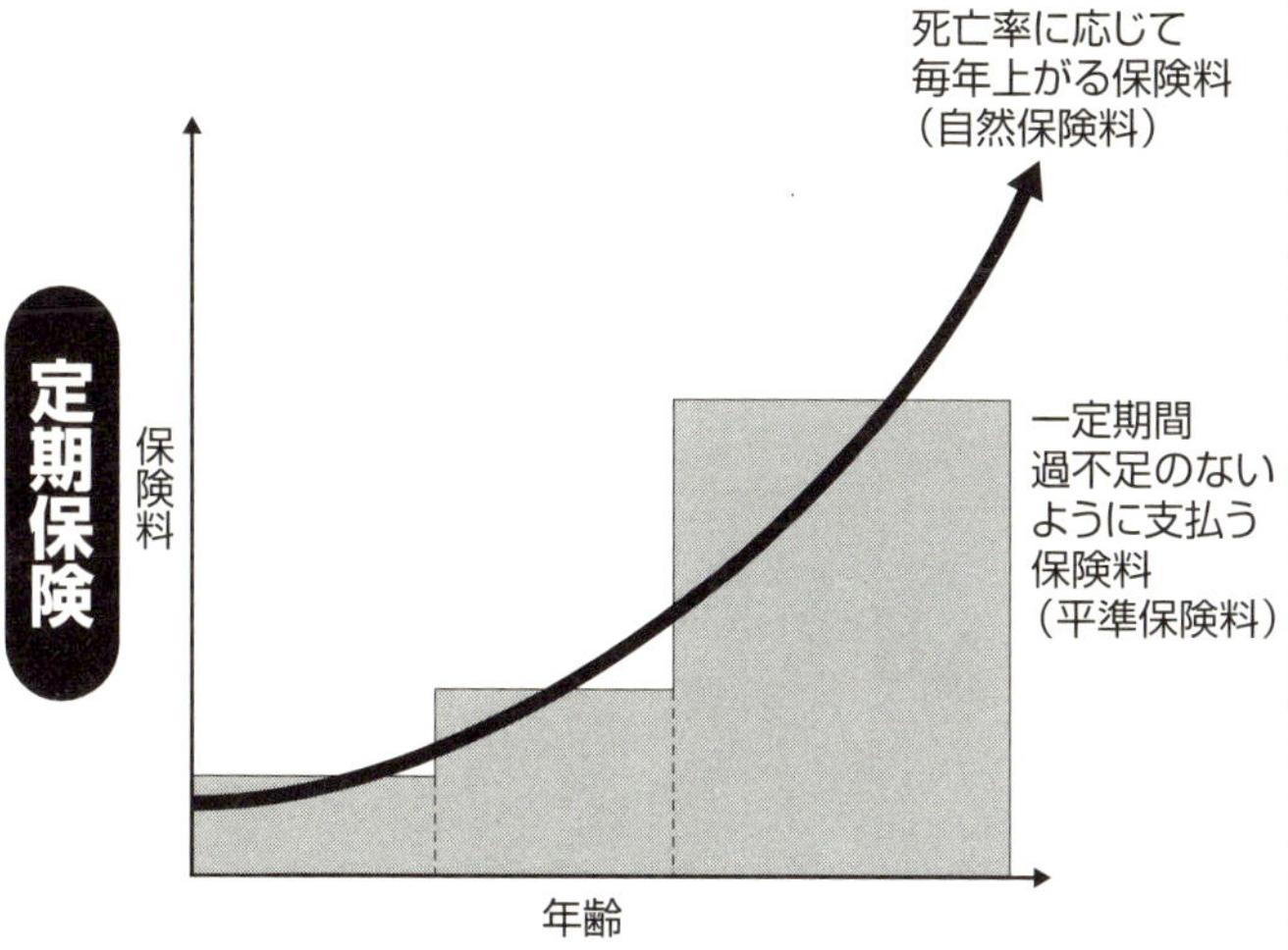

平準保険料なら年齢が上がっても
保険料は上がらない。

23

病気のときの保障とは、どんなものだろう?

▼厚生省の患者調査をはじめとした医療データから算出されます。

「加入していれば、死んだときにまとまったお金がもらえる」というのが本来の生命保険ですが、昭和30年後半頃から、死ななくても、病気になった時点で保険から給付が受けられないものだろうかという検討が始まりました。

昭和39年に、災害、傷害、不慮の事故のための入院の3つの給付が可能な「災害保障特約」が発売されました。その後、41年に、子供が病気になったときやがん疾病での入院を対象とした商品が発売されましたが、本格的に病気に対応する疾病入院給付がスタートしたのは昭和50年代です。

病気で入院したときなどの保障には、**保険本体に特約としてつけるというスタイルと、医療保険という病気の保障だけをメインとした単体の商品があります**が、どちらも、この頃にスタートしています。

医療保険と特約の違い

	特約	医療保険
入院給付金の対象となる入院日数	ケガで5日以上継続して入院。 ↓ 5日目より受け取れる（4日間は支払対象外）。	ケガで通算5日以上入院。 ↓ 1日目より受け取れる（入院日数分）。
	病気で5日以上継続して入院。 ↓ 5日目より受け取れる（4日間は支払対象外）。	病気で8日以上継続して入院。 ↓ 1日目より受け取れる（入院日数分）。
入院給付金の支払限度	1回の入院につき120日限度で、通算して700～730日限度の会社が多い（1回の入院限度を120日型や730日型などから選べる会社もある）。	1回の入院、通算の給付日数ともに730日限度の会社が多い（1回の入院限度を、120日型や730日型などから選べる会社もある。ただし長期型のほうが保険料は高い）。
加入可能年齢	65歳～75歳まで加入できる（保険会社により異なる）。	65歳～79歳まで加入できる（保険会社により異なる）。
保障期間	80歳まで （一部の会社で終身）	70歳～80歳まで （一部の会社で終身）
商品を選ぶポイント	各社独自の特定の疾病を対象とした特約もあり、会社所定の取扱範囲内で必要な特約だけを自由に組み合わせて加入することができる。 ただし主契約である終身保険などとセット加入する必要がある。	ケガや病気による入院または手術に対する保障があらかじめセットになっている。そのうえで、保障内容をさらに充実させるため、各社独自の保障を組み合わせて加入することができる。
どんな人に向いているか	遺族への死亡保障も必要な人が終身保険などとセットで加入したり、老後準備を目的とする人が個人年金保険とセットで加入するのが合理的。 一家の大黒柱や、共稼ぎの主婦などに向いている。	遺族への死亡保障はほとんど必要ない独身で、ケガや病気は心配という人に向いている。医療特約だけでは十分でない人や、専業主婦、あるいはこれから老後を迎える人などに向いている。
加入できる会社	ほとんどすべての保険会社で加入できる。	ほとんどすべての保険会社で加入できる。

資料：生命保険文化センター

そういう意味では、現在は、かなり重要な加入ポイントとなっている病気のときの保障ですが、スタートしてから、まだ日も浅く、今までは、死亡保障の付属的な役割と見られてきた感があります。

病気のときの保障も、死んだときの保障と同じように、**1つの集団のなかで、どれだけの人が病気になるかという確率から、保険料が計算されます。**

医療保険の、病気での入院や手術、通院などの保険料は、厚生省の患者調査をはじめとしたさまざまな医療データを、保険会社それぞれがまとめ、加入者が病気になる割合から保険料を算出しています。保険で保障するようなことが起きる発生率と平均給付額の2つの要素から保険料を算出しているのです。会社ごとに、いろいろな統計を使っていますから、死亡保障に比べると、**会社によって保険料にもかなり差**があり、保障の範囲もかなり違います。

また、一般的な病気を対象にした場合、がんを対象とした場合、生活習慣病を対象にした場合といったように、何を対象にしているかで、保険料も大きく違ってきます。

けれど、仕組みは、死亡の保障と同じ。加入者が支払った保険料は、病気になった人のために使われ、死んだときの保障と同じように、自分が病気やケガで入院したり、手術をしたり（商品によっては通院も）しない限りは、**支払った保険料は他の人のために使われるので掛け捨て**になります。

某生命保険会社の医療特約の経費の例

疾病入院特約

- 30歳・10年満期
- 疾病入院1日5000円
- 手術給付は種類により
  20・10・5万円

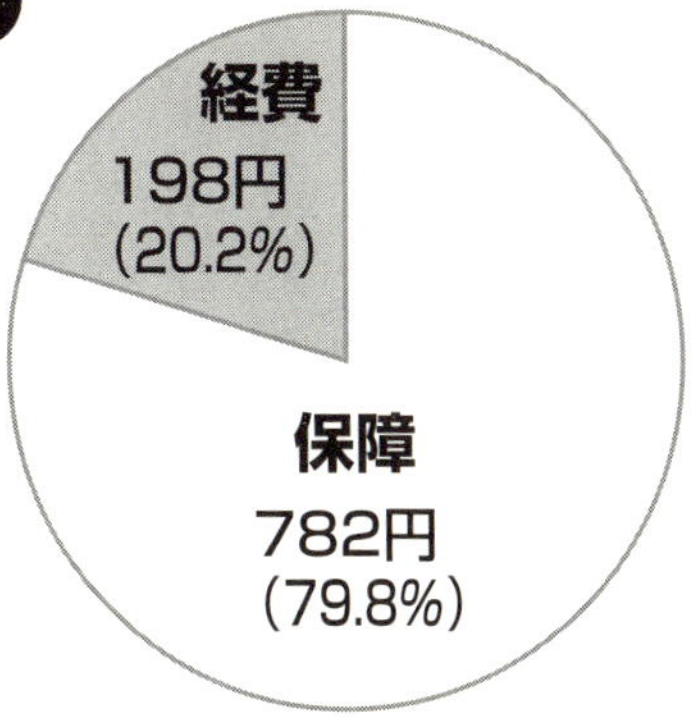

月払保険料 980円

災害入院特約

- 30歳・10年満期
- 災害入院1日5000円

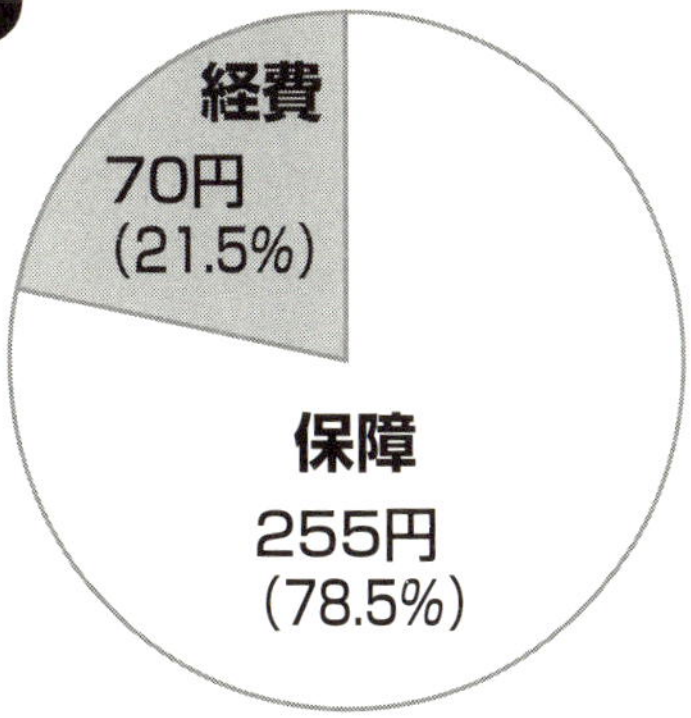

月払保険料 325円

ちなみに、医療保険で給付金が支払われるものとしては、不慮の事故または特定の伝染病を直接の原因として一定期間（一般的に１８０日）に死亡した場合の災害死亡給付金。一定の障害を負った場合に保険金が給付される障害給付、高度障害給付、災害や疾患で入院したり働けなくなったりしたときの入院給付や保険料免除給付などがあります。

この医療保険の分野については、保険料が金額的に小さかったこともあって、既存の日本の大手生命保険会社ではそれほどの力を入れてきませんでした。死亡保障につける特約でいいという考え方だったのです。また、医療保険の分野（第三分野）は、外資系の権利が守られてきたこともあって、品揃えやイメージなども、大手の保険会社よりも小回りの利く、中小・外資系生命保険会社のほうが先んじてきた面がありました。

ただ、今後、**医療保険（第三分野）が日本の大手生命保険会社にも開放**され、頼りだった公的な健康保険が財政面での行き詰まりを見せ、さらに、上手に病気を治して長生きする時代になってくると、病気の保障に対する関心は、いやが上にも高まってくることでしょう。

POINT 23

医療保障も、病気になる確率から計算されるが、保険会社によって統計が異なるので保険料にも違いがある。

医療保険のおもな内容

死亡保険金、入院給付金、手術給付金については、ほぼ各社とも共通して組み込まれている。ただし、入院給付金支払条件（不担保期間や支払い限度など）が、医療特約と違う会社と、同じ会社とがあり、各社の特色がでている。またがんなどの成人病などに備える保障部分も、会社により取り扱いの違いがある。

各社の医療保険にほぼ共通している内容

給付内容	標準的な仕組み
災害入院給付金	災害や事故によるケガで180日以内に通算して5日以上入院したとき、1日目より入院日数分受け取れる。1入院、通算入院ともに700日〜730日分が限度の会社が多い。
疾病入院給付金	病気で継続して8日以上入院したとき、1日目より入院日数分受け取れる。1入院、通算入院ともに700日〜730日分が限度の会社が多い（1日入院についての受け取り限度日数を選べる会社もある）。
手術給付金	病気やケガで所定の手術を受けたとき、手術の種類により入院給付金日額の10倍・20倍・40倍の給付金を受け取れる。
死亡給付金	被保険者が死亡・高度障害のとき受け取れるが、50万〜100万円程度が一般的（入院給付金日額の100倍）。

注）妻や子供の保障も同時に確保する『家庭型』もある。

会社によって取り扱い有無がある部分

給付内容	標準的な仕組み
がん診断給付金 がん入院給付金 がん通院給付金 がん死亡保険金	●がんを直接の原因として、所定の支払事由に該当したとき、給付金または保険金を受け取れる。 ●がんで継続して8日以上入院したとき、1日目より入院日数分受け取れる。
成人病入院給付金 女性疾病入院給付金 長期入院給付金 退院療養給付金 高度先進医療給付金 通院給付金	●給付内容の仕組みは、137ページの「特約」とほぼ同じ。 ●給付条件は、各種入院給付金の場合（長期入院給付金を除く）、継続して8日以上入院したとき、1日目より入院日数分受け取れる会社が多い。

高度障害状態時の取り扱い

保険会社により、医療保険の高度障害状態のときの取り扱いは2通りある。
①死亡保険金（入院給付金日額の100倍）と同額の高度障害保険金を受け取り、医療保障は消滅。
②高度障害状態のときには、その後の保険料の払い込みは免除となり、医療保障は継続（高度障害給付金は受け取れない）。

資料:生命保険文化センター

24

貯蓄としての保障とは、どんなものなのだろう？

▼加入時に決まった運用利回り（予定利率）を約束したものです。

生命保険には、死んだときに備える保険、病気に備える保険のほかに、**貯蓄を目的とした保険**があります。

最初から、貯蓄を目的としているのが「養老保険」。子供が大きくなるまでに何らかの保障を確保すると同時に、現金である程度の教育資金も確保しておきたいという目的で加入するのが「こども保険」。定年退職後の生活費を確保する目的で加入するのが「個人年金保険」など、種類も豊富です。こうした保険は、加入中の保障はそれほど大きくはありませんが、**あらかじめ決められた期間が過ぎれば、それなりの現金が戻ってきます。**

貯蓄型の保険には、「掛け捨て保険は、なんだかソンな気がして」という人が入るケースが多いようです。また、そういう勧められ方をして、加入する人もいるでしょう。

けれど、低金利で保険の予定利率も低い今、こうした保険に加入するのは、必ずしも得策と

預金と保険の違いは?

〈たとえば1万円支払うと、こういうケースも〉

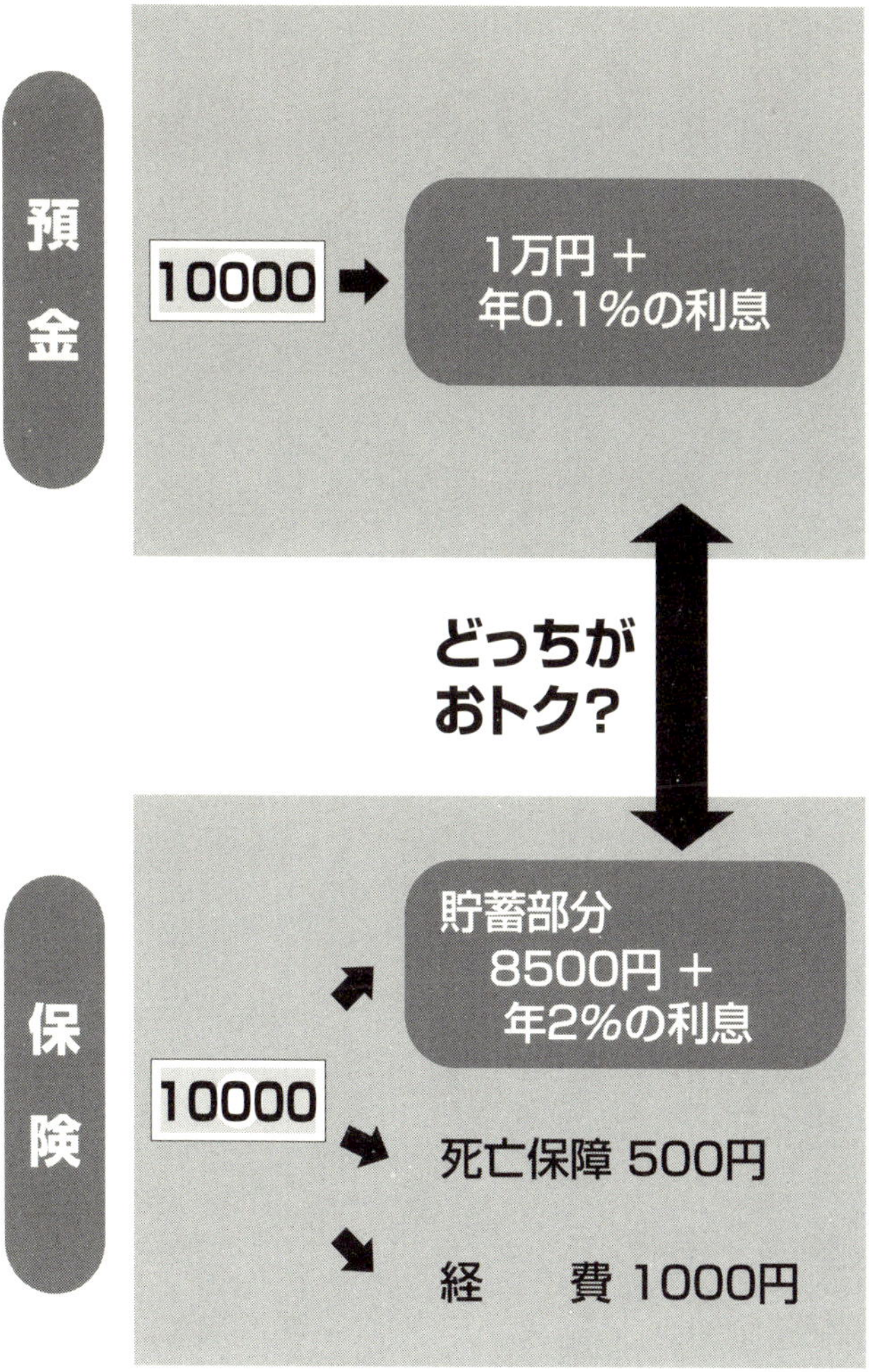

は言えません。というのは、こうした保険にも、**保険である以上は、必ず経費がかかっていますし、掛け捨ての死亡保障部分もある**からです。

仮に、毎月1万円の保険料を支払っている貯蓄タイプの保険があるとします。加入者はこの保険に1万円の保険料を支払いますが、保険である以上は支払った保険料から保険運営などの経費を差し引かなくてはならないので、そのぶんが1000円とします。さらに、保険である以上は本人が死亡したときに何らかの保険金が支払われることになりますから、そのぶんの保障料が500円だったとします。つまり、支払われた1万円の保険料のうち、**貯蓄にまわされるのは8500円**ということになります。この8500円が、あらかじめ決められた予定利率という一定の利回りで運用されていくのです。この金額は、話をわかりやすくするために出した例で、必ずしもこうした金額にはなりませんが、ただ、イメージとして、1万円すべてが積み立てられていくのではなく、**1万円から経費と死亡保障（商品によっては医療保障）を引いた残りが予定利率で運用されていく**ということ。

この予定利率は、保険に加入するときに約束される運用の利回りで、現在2%前後です（保険会社によっても商品によっても違います）。

2%で運用されると聞くと、銀行の定期預金1年ものでさえ0・1%という低金利の今なら、なんとなくおトクな気がします。が、見落としてはいけないのは、貯金なら1万円を積み立て

貯蓄タイプの保険にも、経費部分が含まれる

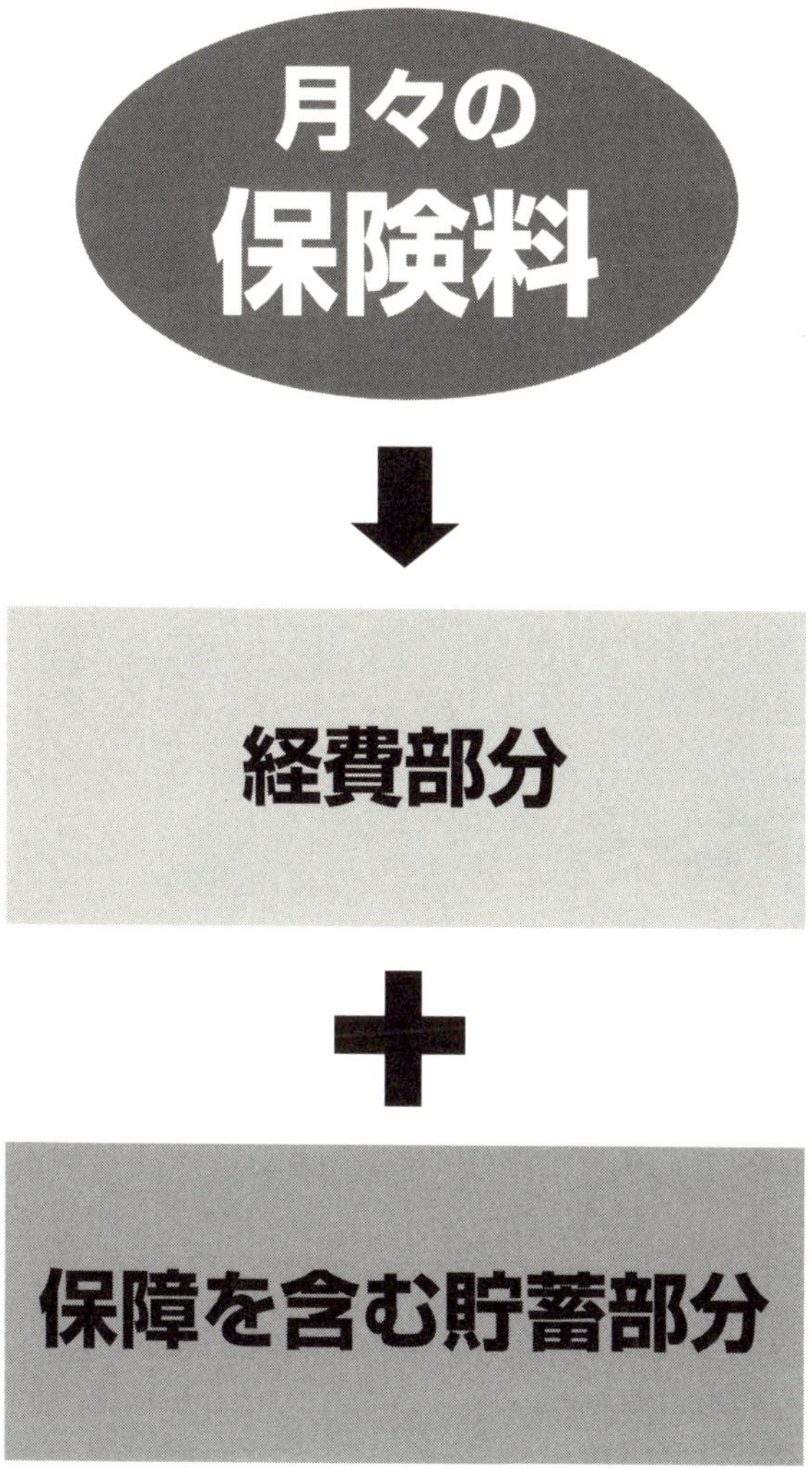

養老保険の月払保険料に占める保障・経費の目安

（男性／保険期間10年・保険金1000万円に対して）

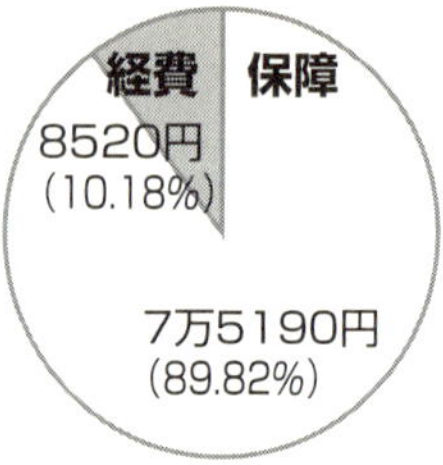

30歳 保険料8万3710円

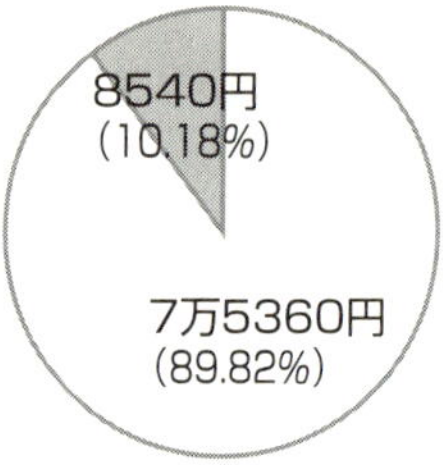

35歳 保険料8万3900円

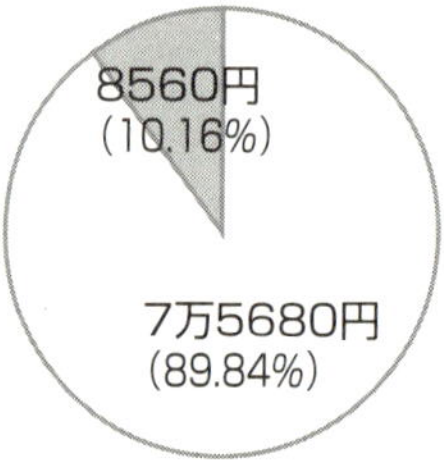

40歳 保険料8万4240円

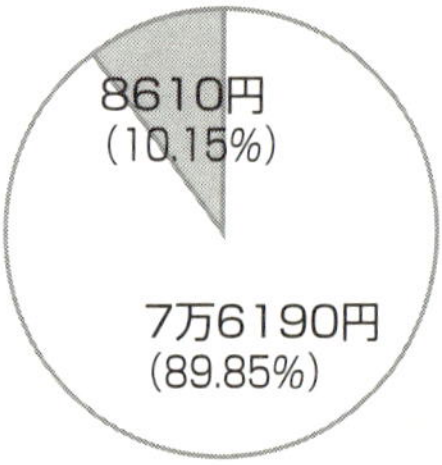

45歳 保険料8万4800円

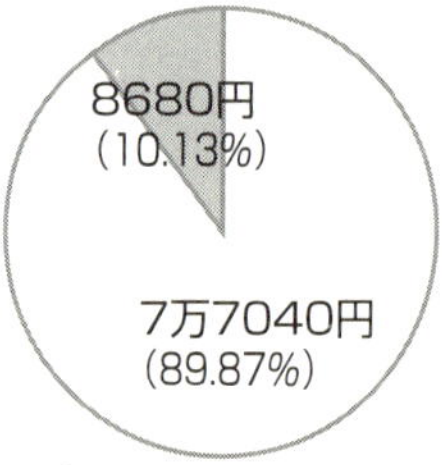

50歳 保険料8万5720円

［前提条件］
多数派である、漢字生保の5年毎利差配当付商品の計算基礎率により試算

- ●契約年齢：保険年齢とした
- ●予定死亡率：生保標準生命表1996修正死亡率
- ●予定利率：2.15%

★巻末に参考資料があります。

養老保険の月払保険料に占める保障・経費の目安

（女性／保険期間10年・保険金1000万円に対して）

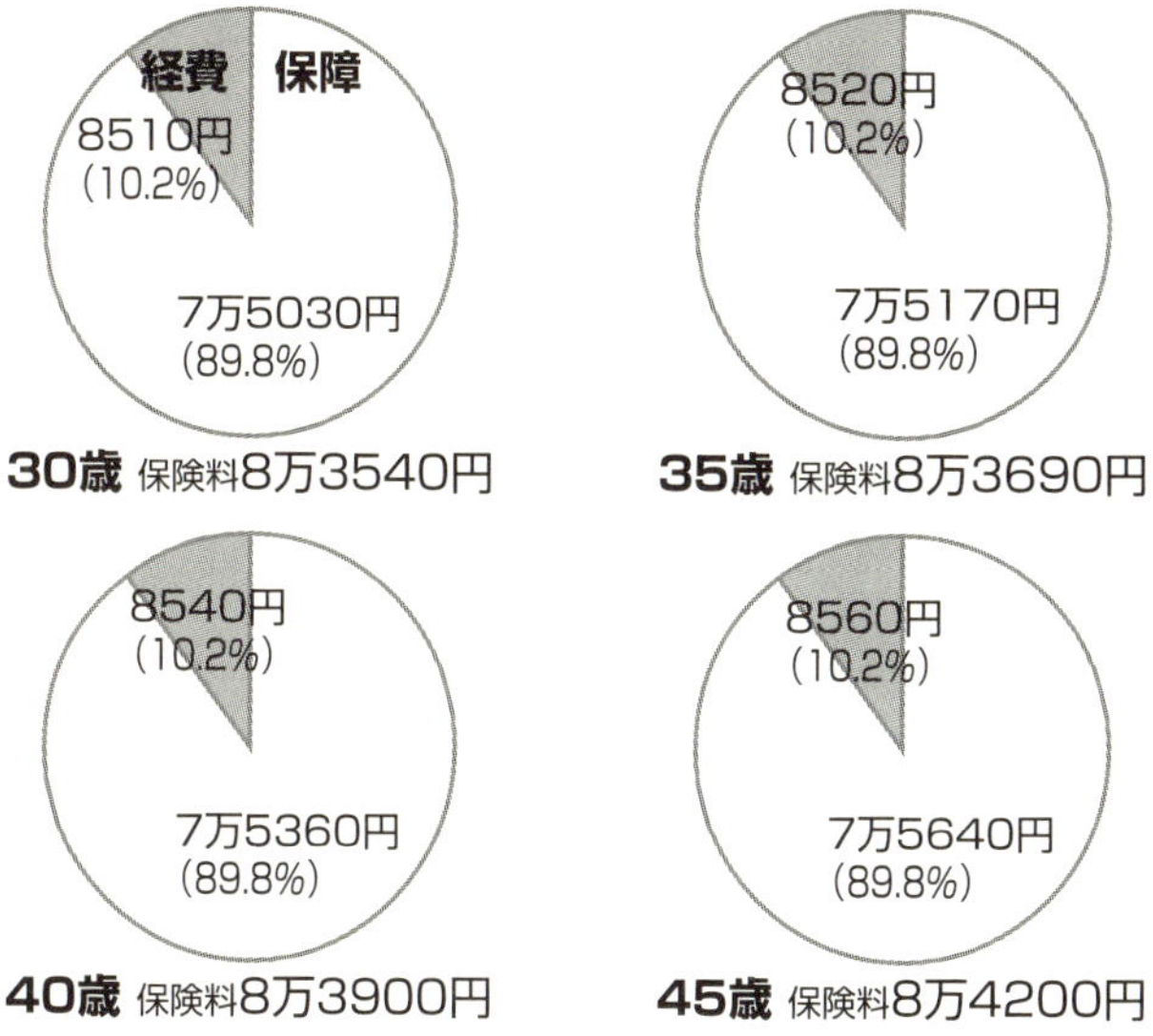

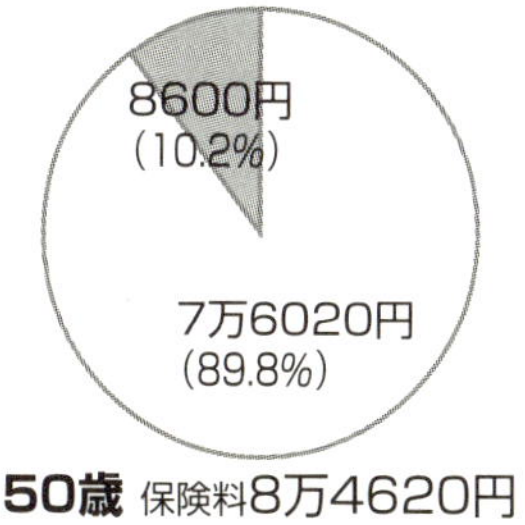

［前提条件］
多数派である、漢字生保の5年毎利差配当付商品の計算基礎率により試算
●契約年齢：保険年齢とした
●予定死亡率：生保標準生命表1996修正死亡率
●予定利率：2.15%

れば低利でも1万円そのものが運用されていきますが、保険の場合には、商品によっては払った1万円のうち、８５００円しか積み立てにまわっていかないケースもあるということ。これだと、**払った額の1万円に増えるまでに、かなりの時間がかかります。**

この予定利率は、実際には、貯蓄タイプの保険だけに使われるものではありません。保険では、支払われた保険料がその年に全部支出されるというケースはほとんどなく、大部分の保険は、なんらかのかたちで一部を将来の保険金支払いのために積み立てています。この積立資金は、ただ置いておかれるのではなく、予定利率で運用されます。

運用してお金が増えれば、そのぶん保険料の徴収額は少なくても保障は確保できることになります。ですから、**予定利率が高くなれば、運用部分の大きい保険ほど保険料は安く**なり、逆に予定利率が低くなればなるほど、運用部分の大きな保険は保険料がアップすることになります。低金利の今、貯蓄タイプの保険が敬遠されるのは、予定利率が低いぶん保険料がアップし、貯蓄としてのうま味がなくなってしまっているからです。

POINT 24

貯蓄性のある生命保険は、全額が貯蓄にまわるわけではない。

25

予定利率は、加入している間に変わるのですか?

▼いったん加入したら保険の予定利率は加入時の契約のままです。

予定利率とは、**実際に保険の加入者から預かったお金を、どのくらいで運用していくことができるかを保険会社が想定し**、自社の商品や業績などを考慮しながら独自に契約者に約束する利率です。

この予定利率は、戦前は４％ほどでしたが、戦争中に３・５％に引き下げられ、戦後は３％となりました。その後、昭和27年以降は４％でしたが、昭和51年以降は、保険期間によって１４７ページの表のように差が出るようになってきました。

ここ数年、予定利率が徐々に下がってきているのは、**市場の金利が下がり、預かった保険料を保険会社が運用する運用環境が厳しくなってきているから**です。

予定利率は、運用環境の変化にともなって見直されます。現在のように運用が難しい低金利のなかでは、そのつどの引き下げはやむをえないでしょう。

ただ、いったん結ばれた契約については、終身保障のように更新のないものは、その**契約が完了されるまでは、契約時の予定利率が適用される**ことになっています（更新する保険は、更新部分がその時点での予定利率になります）。

予定利率は、予定という言い方をしますが、実際にはこの利率で最後まで保険を運用しますと確約している数字。ですから、運用環境が悪くなったからといって、契約の途中で勝手に予定利率を下げるなどということはできません。

ですから、予定利率が高かった頃、養老保険や個人年金などで長期の契約を数多くしている保険会社は、**約束した利率に実際の運用が追いつかない、逆ザヤという現象**に見舞われました。

結果、日産生命や東邦生命のように、出血多量で破綻するところも出てきました。

そうならないために、転換などで従来の保険を下取りし、新たな予定利率の新しい保険に入ることを勧めるなどしていますが、契約者が納得していない状況で保険が転換されるケースもあり、問題となっています（２２０ページ参照）。

POINT 25

予定利率は契約が完了するまで、あらかじめ約束した率が適用される。

生命保険の予定利率の推移

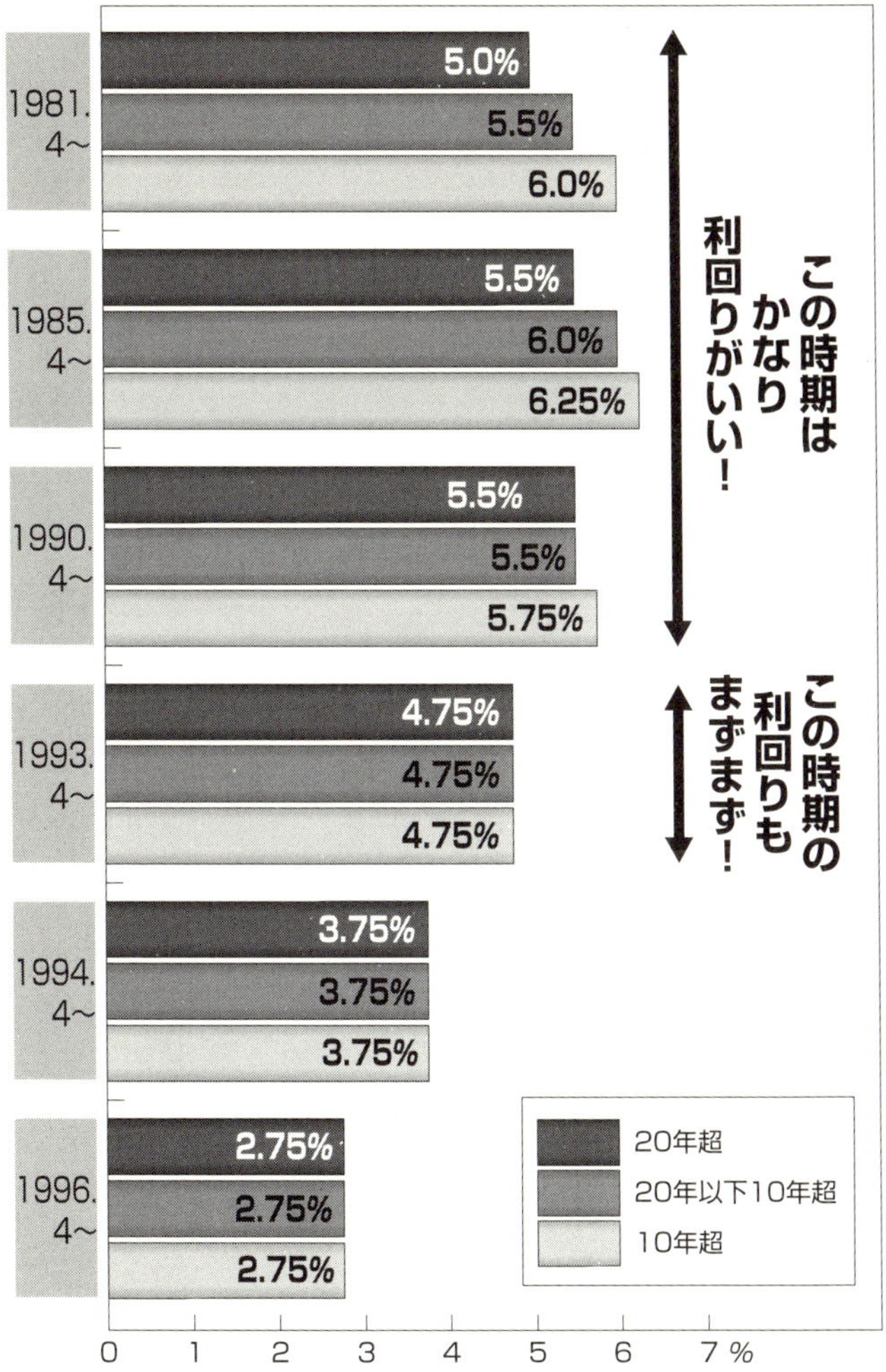

★2000年現在では、会社によって2〜2.5%だが、
2001年4月からは1.5%のところも出てくる。

（大手生保、有配当保険の場合）

注：一時払養老保険など、一部、会社により率の異なるものもある。

第5章

生命保険が安くなる5つのパターン

この章のポイント

保険料が安い商品が次々と登場しています。
これらの安い保険には、安くなる理由があります。
配当をしないことによる無配当型、
通信販売などによるコスト削減型、
リスクの少ない人を集めたリスク区分型、
大量、長期加入者優遇型、
従来商品のリスクを変更した条件変更型などです。
これらの仕組みを理解して、
自分に合った生命保険を上手に選ぶのも1つの方法です。

26

保険料が安い生命保険がでてきていますが、どういうことでしょう？

▼安い保険には、理由があります。理由もないのに、安くなることはありません。

金融ビッグバンのなかで、自由化に遅れていた生命保険も、ここにきて自由化の時代を迎えようとしています。

生命保険会社の商品は、バラエティーあふれるように見えて、実は、**つい最近まで、同じ予定死亡率、予定利率、予定事業費率というモノサシ**を使っていました。同じモノサシを使っていたということは、一見すると違う商品に見えても、同じ種類の保険に同じ年齢、同じ満期、同じ保障など、条件を同じにして加入すれば、保険料はほとんど同じになってしまうということです。

ところが、自由化のなかで、外資系や損保から相次いで新しい会社が参入してきました。こうした新規組は、従来どおりの保険を売っていては、既存の基盤を持つ生命保険会社と争っても、とうてい勝ち目はありません。

そこで出てきたのが、**既存の生命保険会社と違うモノサシで作った保険商品で対抗**しようという動きです。

こうした動きが注目されるなかで、既存の生命保険会社も、従来のモノサシだけでは時代に遅れると感じ始めました。そして、こちらも、時代に合わせた新しいモノサシを出してきました。結果、保険料が安く、サービスのいい保険が続々と登場してくることになりました。

そういう意味では、生命保険会社がどんなモノサシを使って勝負しているのかを加入者が見極めないと、保険に賢く入ることはできない時代となってきたと言えます。

生命保険の場合、**「保険料が安い」というのは、大きなポイントです。**損害保険は、事故後の対応や査定、交渉力が重要になるので、安さだけでは選べません。けれど、生命保険の場合には、死亡したかどうか、病気で入院したかどうかで保険金や給付金が出ますから、もらえるかもらえないかは、誰にでもわかります。しかも、保険金についても、損保のように査定されるのではなく、医師の診断書を添えて、あらかじめ決まった契約額を自分で請求するのです。

ですから、同じ保障なら、なるべく保険料が安いほうがいいのです。ただ、安いほうがいいといっても、多種多様の生命保険のなかから、安いものを探し出すというのは大変。

そこで、どういうところに目をつけていけばいいのか、ここでは、生命保険の保険料が安くなるパターンの代表的なものを、5つピックアップしました。

★配当しないことによって保険料を下げる配当なし型

★通信販売などを利用して経費を減らすことで保険料を安くする経費削減型

★リスクの少ない人を集めて保険料を安くするリスク区分型

★たくさん入ったり、長く続ける人の保険料を優遇する大量加入・長期継続型

★従来商品に含まれる解約条件や給付条件を、変更することで保険料を下げる条件変更型

これらの商品には、それぞれに、保険料が安くなるしっかりとした根拠があります。

義理人情で加入する人が多い生命保険ですが、そもそも保険とは数理で成り立つものですから、**義理人情で保険料が安くなるなどということはありません。**

割安な保険に加入したいと思うなら、こうした理屈を、ある程度まで把握しておいたほうがいいでしょう。

POINT 26

割安の保険には、配当がない、条件を変更するなど安くできる理由がある。

新しく出てきた尺度の一例

	従来の尺度	新しく出てきた尺度
配当なし型（一部配当型）	❶死差 ❷費差 ❸利差 の3つから配当。	配当なし、もしくは❸の利差だけを配当する。
経費削減型	❶保険の募集 ❷保険の維持・管理 ❸保険の集金 に一定割合の経費がかかる。	募集の方法を通信販売などに変えて、❶の経費を少なくする。
リスク区分型	平均的な保険加入者から保険料を平等に集める。	個人の抱えるリスクに応じて保険料を集める。
大量加入・長期継続型	大量に加入しても、それほど大きな割引はなかった。	大型の保険に加入した人、長く保険を続ける人は特別に優遇。
条件変更型	保険会社の一般的なリスク条件を適用。	リスク条件を厳しくすると、保険料も安くなる。

27 最初から配当がない契約だと、なぜ保険料が安くなるの？

▼配当相当分を最初に保険料から控除しているからです。

生命保険の保険料は、経費にかかるお金と保障にかかるお金を合計して徴収されますが、これらの金額は、過去のデータをもとに、こうなるであろうという予測を立て、この予測に沿って計算されます。

この場合、後で「足りなくなってしまった」というのでは大変なので、ここでは**安全性を見込んだ数字が織り込まれ、この数字に沿った概算で保険料が徴収されます。**

ただ、これはあくまで過去の統計からはじき出した予測ですから、実際には、運用どおりの数字になるとは限りません。しかも、安全性を見込んだ数字なので、集めた保険料が余るケースが出てきます。この**余ったぶんが、配当として、加入者に返される**のです。

では、どんな場合に余るかというと、

1．当然かかるだろうと予測されていた経費がかからなかった場合（費差益）。

配当金の仕組み

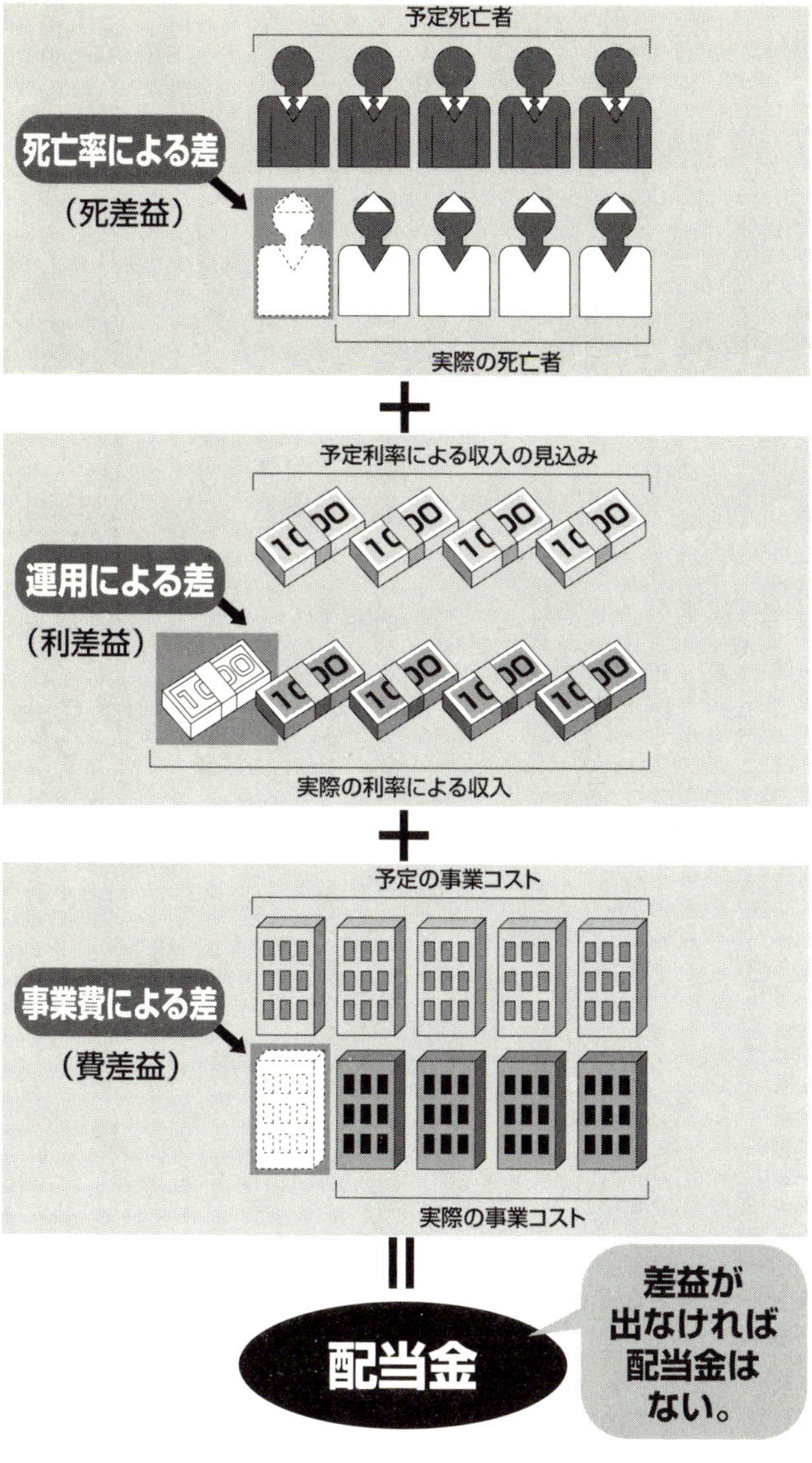
予定死亡者
死亡率による差
（死差益）
実際の死亡者
予定利率による収入の見込み
運用による差
（利差益）
実際の利率による収入
予定の事業コスト
事業費による差
（費差益）
実際の事業コスト
配当金
差益が出なければ配当金はない。

2．過去のデータから計算された死亡率よりも、実際の死亡率のほうが低く、死亡保険金の支払いが少なく済んだ場合（死差益）。

3．あらかじめ予定した運用利回りよりも、実際には高い利回りで運用できて、予定よりも利益が出た場合（利差益）。

こうして、予想を上回って保険会社の手元に残った余剰金が配当として、加入者に平等に配られます。配られる率は、保険業法上は、余剰金の80％以上（相互会社の場合）ということになっていますが、実際は97％くらいは配当で返している会社が多いようです。ただ、余裕を見込んで保険料を徴収しているにもかかわらず、最初の予定どおりで余剰金が出なかったという場合には、配当金も出ません。

たとえば、低金利で思うような保険運用ができず、その部分（利差益）が１０００円のマイナスだったとします。けれど、死亡率については予想より低くて６００円のプラスになり、経費については削る努力をして４００円のプラスになったとします。この場合、３つの配当の合計でプラス・マイナスがゼロになり、配当は出ないということになります。

実際の配当では、運用で出る利益や損失に比べ、**予定より死亡率が低かった場合と経費削減できた場合に浮くお金は少ないのが一般的。**ですから、死亡率が低下したり、経費節減ができ

無配当の定期保険と医療保険の取り扱い

生命保険会社名	無配当定期保険	無配当医療保険
アイ・エヌ・エイひまわり生命	♥	♥
アイエヌジー生命	♥	♥
アクサ生命	♥	♥
アメリカンファミリー	♥	♥
アリコジャパン生命	♥	♥
オリコ生命	♥	♥
オリックス生命	♥	♥
共栄火災しんらい生命	♥	
興亜火災まごころ生命	♥	
スカンディア生命	♥	
住友海上ゆうゆう生命	♥	
セゾン生命	♥	♥
ソニー生命	♥	♥
大東京しあわせ生命	♥	
チューリッヒ生命	♥	♥
千代田火災エビス生命	♥	
DIY生命	♥	♥
東京海上あんしん生命	♥	
東京生命	♥	♥
同和生命	♥	
ニコス生命	♥	♥
日動生命	♥	
日本団体生命	♥	♥
日本火災パートナー生命	♥	
富国生命	♥	♥
富士生命	♥	
プルデンシャル生命	♥	♥
平和生命	♥	♥
マニュライフ・センチュリー生命		♥
三井みらい生命	♥	
安田生命	♥	
大和生命	♥	

出典：各社ディスクロージャー他
2000年5月15日現在

ても、高金利時代に高い運用を約束しながら、低金利時代となって運用がマイナスになっている保険については、配当が出ないというような状況になっています（逆ザヤ）。

余剰金が出たときにそれが配当になる保険に対して、たとえ**余剰金が出ても、配当としては戻さない約束になっている保険もあります（無配当保険）**。こうした保険の場合には、配当を戻さないぶん、保険料が安くなっています。また、死亡の確率や経費節減は配当の対象にならないけれど、運用して利益が上がった場合のみは配当の対象とするという保険もあります。このタイプで、**5年ごとに配当が出るという保険**を、大手でも扱うようになってきています（5年毎利差配当）。このタイプの場合には、配当の対象が3つある保険に比べると保険料が安くなりますが、配当がない保険に比べると保険料は高くなります。

つまり、**保険料の支払いにまったく余裕がないという人は**、**配当のない保険**を選び、多少でも余裕があるなら、運用次第で配当が期待できる一部配当の商品を選べばいいということでしょう。

POINT 27

配当のない保険は、そのぶん保険料が安くなっている。

28

通信販売などを利用すると、どうして保険料が安くなるの？

▼保険を募集するときの経費が少なくて済むので、そのぶん安くなります。

生命保険の保険料は、保障ぶんの保険料と経費ぶんの保険料で成り立っています。そして、保障については、統計的なものから算出されているので、これを安くするということはなかなかできませんが、経費については、工夫次第で削減も可能です。

生命保険料のなかの経費は、**新しく契約を獲得するための経費（予定新契約費）**、**保険期間を通して、保険を維持・管理していくための経費（予定維持費）**、**保険料を集金するのに必要な経費（予定集金費）**で成り立っています。

このうちの、保険期間を通して、保険を維持・管理していくための経費や保険を集金するための経費は、それほど大幅に削る余地はありません。今や生命保険会社でも、職員の給与カットなどが行われていますが、過去のマイナスの遺産が多く、そのまま保険料に反映するということにはなっていないようです。

けれど、新しく保険を獲得するための経費については、保険の募集方法を変えるだけで、軽減することができます。

既存の生命保険は、人海戦術で保険の募集を行ってきたので、保険募集に支払われる報酬がかなり必要でした。また、生命保険加入の際には診察が必要なので、医師の診察料などもかかりました。

ところが、**こうしたものを削減することによって、保険をディスカウントする会社**が出てきました。

最初に、生命保険のディスカウントをしたのは、オリックス生命。1997年9月に発売された〝オリックスダイレクト〟では、保障は従来と同じでも、保険料は最高28%オフになっています。

これは、通信販売という、人件費が少なくて済む販売方法で、しかも医師による診断をなくすなどの新しい発想を販売に取り入れたものでした。通常の保険では、営業職員が一生懸命に職場などに通って熱心に保険を勧めるというところで販売されていますが、通信販売の場合には、電話で受け答えするオペレーターなどは必要ですが、対面販売ほどの人件費はかかりません。また、〝オリックスダイレクト〟の場合には、通信販売で売るために、保険の種類を基本的なものだけにして管理しやすくしたり、銀行への直接払いや1年分をまとめて払う年払いな

通販保険ってやっす〜〜い!
通販保険
まだまだ削れる!!
シュッ
シュッ
経費

どを取り入れたこともコストダウンにつながっています。

その後、自分で必要な保険の組み立てができるＤＩＹ生命が、募集経費を削った保険の通信販売に乗り出してきて、経費節減型は、生命保険のなかでも１つのカテゴリーを形成しています。

早い話が、同じメーカーの、まったく同じ炊飯器を、デパートで買うか、薄利多売で人件費なども削れるディスカウント店で買うかということ。同じ品物で同じメーカー保証がついているなら、ディスカウント店で買ってもいいという人には、おトクかもしれません。ただ、通信販売だからといって、すべて同じように割安になっているかといえば、そうではありません。

また、こうした商品が出てきたことで、既存の生命保険も、単に売ればいいというのではなく、対面販売の良さを生かした**コンサルティングセールスに力を入れて**きて、しかも安く売る工夫を凝らすところも出てきはじめました。

ちなみに、最近は、電話だけでなく、パソコンを利用して通信販売の保険の申し込みができる商品も増えています。

POINT 28

通信販売の保険は、営業などの人件費をカットしたぶん保険料が安くなっている。

29

なぜ、たばこを吸わなければ、保険料が安くなるの？

▼たばこを吸わない人だけのグループなら、死亡確率もそれだけ低くなるからです。

「優良ドライバーなら、自動車保険の保険料が最大○%安くなる！」

テレビで、そんなＣＭを見たことがあるでしょう。なかには、これは安いとばかりに、すぐに電話で問い合わせをした人もいることでしょう。

なぜ、優良ドライバーなら、自動車保険の保険料が安くなるのでしょう。それは、優良ドライバーだけを集めれば、当然ながら自動車事故を起こす頻度が小さくなりますから、保険会社の支払い保険金額は少なくて済むことになります。保険金の支払い額が少なくて済むなら、そのぶん、徴収する保険料も安くていいことになります。

つまり、今までのように誰でも入れる保険にするのではなく、**事故を起こす確率によって加入者をグループ分け**すれば、優良ドライバーだけを集めたグループの保険料は、通常よりも安くなります。反対に、事故を起こしやすい人や、事故を起こしたときに修理にお金がかかりそうな車に乗っている人の保険料は、通常よりは高くなります。

事故を起こすリスクによって、加入者をグループ分けするので、こうした保険を、リスク細分型保険といいます。リスク細分型保険は、日本では、損害保険の分野で始まりましたが、実は、**生命保険でも、リスク細分型**を取り入れるところが出てきました。生命保険では、これをリスク区分型と言います。

たとえば、アリコジャパンの「クラブ ノンスモーカー」の場合、たばこを吸わない人だと、吸う人に比べて、最高28%も保険料が安くなります。たばこを吸わない人のほうが、長生きする確率が高いからです。

厚生省の「がんの統計97年版」によると、たばこを吸っている人の死亡率は、吸っていない人の死亡率に比べて、男性が4・45倍、女性が2・34倍。しかも、がんの種類で死亡の割合を見ると、男性の場合には肺がんが21%で、がんのなかでも死亡率トップ。女性の場合には、肺がんは、胃がんに次いで2位の死亡率ですが、それでも死亡率全体の12%となっています。ということは、肺がんの死亡率アップの大きな要因となっているだろう「たばこを吸う」というリスクを排除すれば、**支払う死亡保険金も減ることになり、そのぶん、保険料を安くするこ**とができるというわけです。

アリコジャパンの場合には、保険の加入者を「優良体」と「非優良体」に分けています。

たばこを吸わない人の保険料と通常の保険料を比べると……

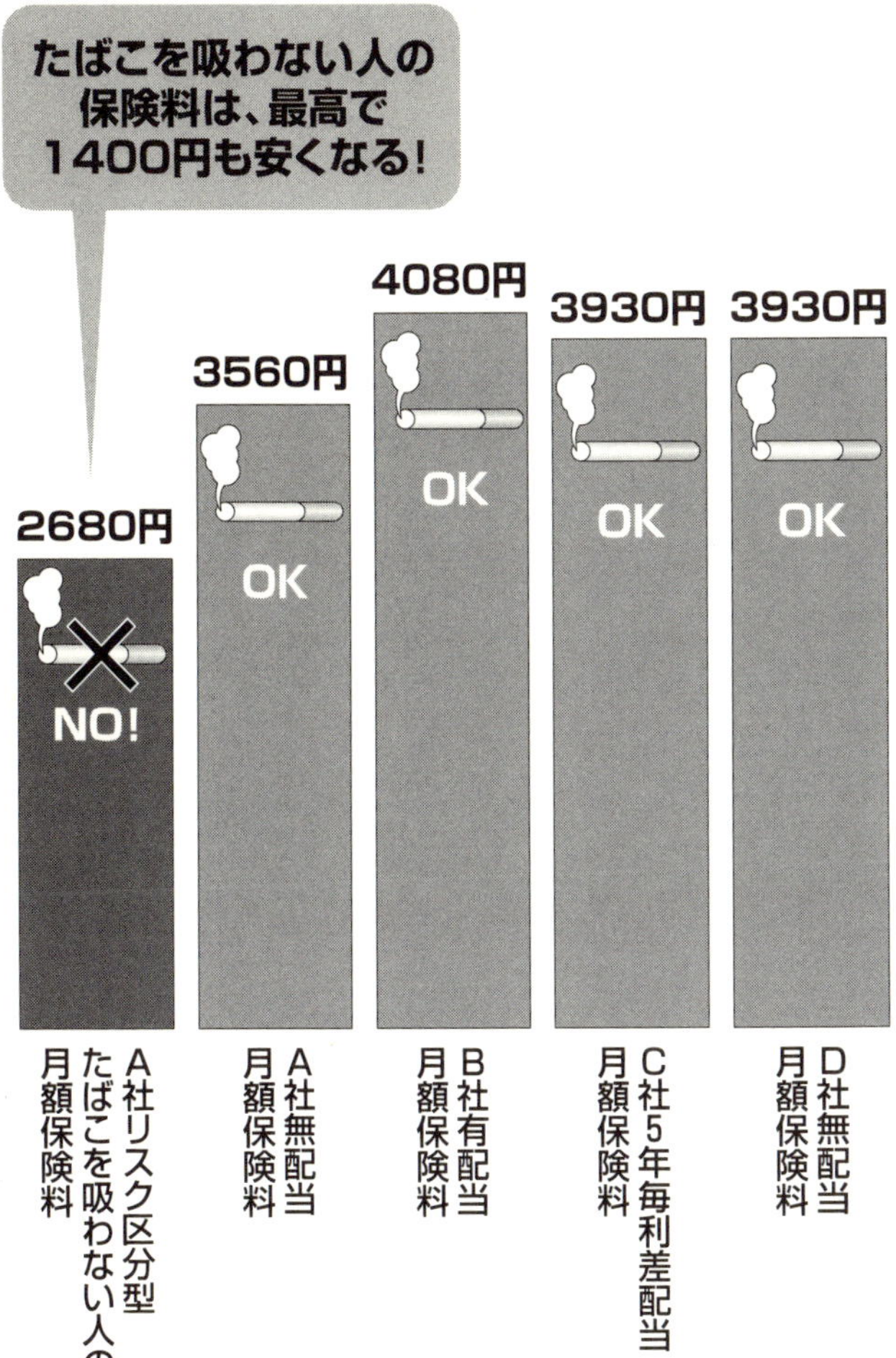

※40歳男性・10年定期保険特約・保険金1000万円
※C社、D社は高額割引適用時（保険金2500万円以上）、
　A社無配当保険は高額割引適用時（保険金3000万円以上）の保険料
※A社のリスク細分型保険は、平準定期保険に特約としてつけるもの

資料:アリコジャパン

「優良体」の条件には、前述の「たばこを吸わない」だけでなく、「身長、体重、血圧の数値が会社の基準を満たす人」という条件があります。

アリコジャパンのほかにも、アメリカンファミリー、大同生命、住友海上ゆうゆう生命など、同様の仕組みのリスク区分型の保険を販売しています。

ちなみに、生命保険会社はどこでも、**加入者を「標準体」と「条件体」に分けています。**「標準体」というのは普通の健康状態の人で、通常の保険料になります。「条件体（標準下体）」というのは、標準よりも多少血圧が高いとか、肥満体であるなどで、加入時点では健康なのだけれど、将来的には発病の要素を、標準的な人よりも抱えているので、条件をつけなくては保険を引き受けられない人ということです。

こうした人は、リスクのあるぶん割増保険料がかかったり、契約後の一定期間内に死亡した場合には保険金が一部減額されたり、あるいは一定額の保険金額以内でしか加入できないなどの**ペナルティー（条件）を負って保険に加入**することになっています。

POINT 29

健康体で、たばこを吸わない人などには保険料が安くなる生命保険がある。

30

大型保険に入ったり、長く続ける人は、保険料が安くなるってホント？

▼優良な顧客には、生命保険会社もサービスするようになりました。

今や、どこの業界でも、企業が生き残るには、早い時期から優良な顧客を囲い込んでしまうことが重要な経営戦略となっています。

デパートがカード割引に力を入れるのも、銀行がポイント制度で取引の厚い顧客を優遇するのも、自分のところをたくさん利用してくれるお客を、他の店に取られないようにするための手段です。

実は、その動きは、生命保険でも起きています。

生命保険会社は、バブル崩壊で金利が下がるなか、生命保険の運用利回りにあたる予定利率を徐々に引き下げてきました。とくに、１９９９年4月の引き下げでは、保険に魅力を感じなくなった人たちが、かなりの割合で保険を解約したり、加入するにしても、加入額を引き下げるのではないかという危機感が業界を覆いました。

こうしたなかで、生命保険各社は、客離れを防ぎ、難しくなった新規開拓を、他社からの鞍替えというかたちで確保するために、保険料の割引やキャッシュバックサービスなどで、おトク感を前面に出した**顧客の囲い込み**を始めました。

最も象徴的だったのが、最大手の生命保険会社、日本生命の動きです。日本生命では、「割引」「おトク」を前面に打ち出した「ニッセイ保険口座」をスタート。これに、第一生命、住友生命など大手が続々と続きました。

「ニッセイ保険口座」は、この口座に加入中の生命保険をまとめ、さらに、生命保険以外の商品もまとめることで、生活総合口座として活用できることを目指したもの。おもな特典は、いろいろな保険をトータルで数量換算し、保険に入る量が多い人ほど保険料が安くなる「はいるほど割引」と、入った保険を長く続ければ続けるほど配当が有利になっていく「つづけるほど配当」。生命保険以外では、自動車保険などの損保商品や投資信託などもセットできるようになっています。自動車保険は、セットすると保険料５％引きに。火災保険は２・５％引きになります。また、住宅ローンもセットでき、条件が合えば、当初５年間のローン金利が最高０・６％引きになります。将来的には、この口座に、日本版４０１ｋ（確定拠出型年金）の積み立てなどもできるようになっています。

第一生命の「生涯設計ドリームパッケージ」は、契約者が同じなら、妻や子供が被保険者と

優良顧客はおトクなサービスで
しっかり囲い込み！

なっている保険でも合算し、割引がきくというもの。

住友生命では、「スミセイ ライフマイレージ サービス」で、割引ではなくキャッシュバックという方式で、加入に応じた金額を戻すシステム。また、転換優遇料率といって、古い保険から新しい保険に入り直したときに、有利な料率で保険を転換できるようになっています。

こうした保険は、**どうしても大型の保険が必要だというような人にとっては、割安感**があります。また、いろいろな会社の保険にバラバラに入っていると管理がめんどうなので、1つの保険会社に絞りたいといった場合にもおトク感があります。大量加入、長期継続の客に対しては、それなりのサービスをしましょうという動きは、今後も出てくることでしょう。

ただ、こうしたサービスは、加入者が多く、数で勝負できる大手だからこそ可能な、ある意味では力わざとも言えるもの。中小の保険会社では、体力的にも、なかなかできにくいでしょう。ですから、中小の保険会社は、やはり、力より知恵で勝負というところが増えてくるでしょう。

POINT 30

大量加入や長期継続の加入者には保険料が安くなる生命保険がある。

31

解約しないだけで、保険料は安くなるのですか?

▼条件変更で、そのぶん保険会社のリスクがなくなれば、保険料下げにつながります。

通常の保険契約に、今までになかった条件を加えることによって、保険料が安くなるという保険が出てきています。

たとえば、東京海上あんしん生命の「長割り終身」。通常の終身保険は、加入者のなかでどのくらいの人が死亡するか、保険の運用にどれくらいの経費がかかるのか、預かったお金をどれくらいの予定利率で運用できるかの3つのリスクで、保険料が違ってきます。

この3条件のうえに、さらに解約のリスクというものを付加したのが、「長割り終身」です。

終身保険というのは、一度入ったら、一生涯その保障が受けられるという商品ですから、当然ながら、長期間の加入になります。

ただ、加入期間の長い保険だと、加入途中に、保険が、加入者の実情に合わなくなってきたり、都合により保険料の払込満了まで加入し続けられなくなるケースが出てきます。こうしたときには、やむをえず保険を解約するということになりますが、この途中解約の場合には、通常の保険で戻される解約返戻金の７割しか戻してもらえないのが「長割り終身」。では、中途解約で戻ってくる解約返戻金が少なくなるぶんはどうなるかというと、保険料を通常よりも最大15％下げています。つまり、**中途解約した人が支払うペナルティーぶんをあらかじめ予想し、そのぶん保険料を安くする**というものです。結果、中途解約せずに最後まで加入している人は、通常の保険会社よりも少ない保険料で同じ保障が得られるということになります。

ちなみに、30歳の男性が、保険金額１０００万円の終身保険に60歳まで保険料を払い込むケースで、通常の終身保険と長割り終身を比較してみると、月々の保険料は、通常の終身保険が１万７１００円に対して、長割り終身は１万４４８０円と、２６２０円（約15％）安く、総支払い額では約94万円も安くなります。ただし、途中で解約すると、どの時点でも戻ってくるお金は通常の７割ということになります。

東京海上あんしん生命に次いで、千代田火災エビス生命が同様の商品を売りはじめ、損保系生保他社も続々とこれに続いたことで、今後は、〝低解約返戻金型終身保険〟という新しい分野が確立されるかもしれません。ちなみに、千代田火災エビス生命の場合には、中途解約での戻り率は８割となっていて、そのぶん、保険料は東京海上あんしん生命よりも高くなっています。

ともあれ、こうした保険ならば、同じ保障でも支払う保険料は安く済むので、途中で解約せ

長割り終身と従来の終身保険の保険料と解約返戻金の違い

	「長割り終身」	従来型の終身保険（5年毎利差配当付終身保険）
月払保険料（口座振替扱）	14,480円	17,100円

仕組み

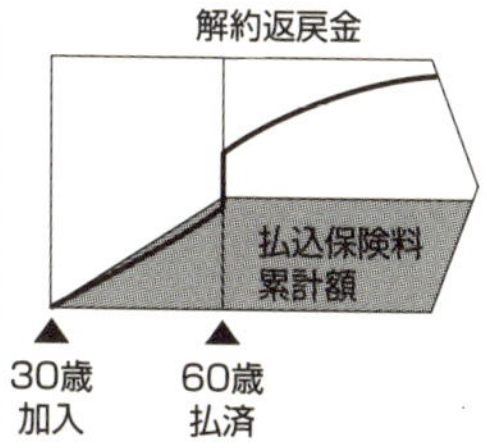

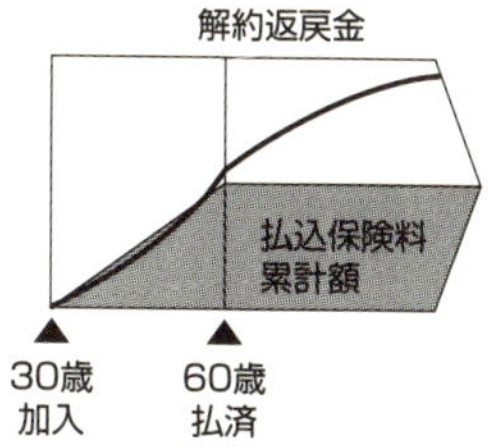

経過年数	「長割り終身」 解約払戻金	「長割り終身」 払込保険料累計額	従来型の終身保険 解約払戻金	従来型の終身保険 払込保険料累計額
5年	525,000円	868,800円	750,000円	1,026,000円
10年	1,223,000円	1,737,600円	1,747,000円	2,052,000円
20年	2,726,000円	3,475,200円	3,894,000円	4,104,000円
30年	6,518,000円（注）	5,212,800円	6,509,000円	6,156,000円
40年	7,584,000円	5,212,800円	7,584,000円	6,156,000円

契約年齢 ―――――――― 30歳　男性
保険金額 ―――――――― 1000万円
保険期間 ―――――――― 終身
保険料払込期間 ―――――― 60歳まで
［「長割り終身」の場合］
低解約返戻金期間 ―――――― 契約日から保険料払込期間が満了する日の24時まで
低解約返戻金割合 ―――――― 70%
（注）低解約返戻金期間満了後のもの

ずに長く保険に加入し続けたいという人は有利。

これほど大きな条件変更ではなくても、たとえば、1年たってからの自殺に関しても、保険金を支払わないなどという条件をつける保険会社が出てきています。

通常、生命保険の場合には、自殺で亡くなったとしても、それが、保険に加入して1年以上経過している場合には、保険金を支払っています。ただ、この期間を2年、3年と延ばせば、それだけ、保険金目当ての自殺が減るということになり、そのぶん、支払い保険料も微々たるものですが安くなるところが出てきています。

生命保険の場合、保険商品自体のラインナップは、すでにほぼ出そろっていますから、誰もがアッと驚くような商品が出てくるという余地は少ないと言えます。

けれど、従来商品の条件をさまざまな角度から見直し、工夫することで、新タイプの商品が出てくる余地は、まだありそうです。

POINT 31

中途解約した人が支払うペナルティーぶんをあらかじめ予想し、保険料を安くした生命保険がある。

途中でやめた人には
ペナルティー！

第6章

生命保険クイズ、正解はコレ

この章のポイント

巻頭に掲載されたクイズに
何問答えることができましたか?
クイズの答えがこの章にあります。
答えを確認しながら読んでいただくと、
生命保険の仕組みがよく理解できるだけでなく、
あなたに合った生命保険選びの
お役に立つと思います。
人に勧められるままに加入するのではなく、
よく理解したうえでもう一度、
あなたの生命保険を検討してみてください。

Q1 生命保険は、若いうちに加入したほうが、保険料が安くてトク？

A1 若い人は、高齢者よりも死ぬ確率が低いので、そのぶん保険料が安くなるだけ。

20歳の人と60歳の人を比べると、60歳の人のほうが死亡する確率が高いということは、誰もが知っています。

実際に、20歳の人と60歳の人の死亡割合を比較してみると、20歳の人が年間に10万人中１１４人しか死亡しないのに対し、60歳の人は、10万人中１０２２人も死亡します。統計で見ると、60歳の人は20歳の10倍も死ぬ確率が高いのです。

生命保険の保険料は、こうした確率で計算されます。その際に、不公平が起きないために、生命保険では死亡確率が同じになる同年齢の人でグループを作り、そのなかで保険料を計算します。となれば、若い人のグループは保険料が安くなりますし、**年配で死亡率の高い人のグループは、それなりに保険料がアップ**するというのはあたりまえでしょう。

年齢による死亡割合の違い

20歳

10万人中114人

60歳

10万人中1022人

20歳よりも、60歳のほうが死亡割合が高い。

資料:生保標準生命表

つまり、**若いうちは死なないので保険料も安く、年配になると死亡確率が高くなるので保険料も上がる**のですが、それは理にかなったことで、ソンもトクもありません。

考え方によっては、死ぬ確率の低い若いときに、少ないとはいえずっと保険料を払っているというのは、ある程度の年になってから保険に加入した人に比べると、保険料を払う一方の期間が長いぶん、ソンだったと言えるかもしれません。が、これも、死なかった場合です。

ただ、若い人と年配者で、はっきりと損得が出る保険もあります。生命保険ではなく共済の場合には、加入者の年齢に幅を持たせてグループ化している商品もあります。

たとえば、全労済の「こくみん共済」は、月々２０００円のコースだと、満15歳から満59歳まで、保険料は一律２０００円。保障内容は、交通事故死１２００万円、交通事故以外の不慮の事故死で８００万円、病気死亡で４００万円が出て（障害に対しても出る）、入院に対しては、交通事故入院１日５０００円（５日目〜１８０日分）、交通事故以外の不慮の事故入院（５日目〜１８０日分）、病気入院１日１５００円（発効日から31日目以後の入院で５日目〜１８０日分）が出るというもの。通院は、日額１０００円となっています。

この場合、死亡率の低い満15歳と、死亡率が高い59歳が同じ保障を受けられます。

若い人の保険料は保険料の高い年配の人と平均化されてしまうので、実際よりも高くなってソン。逆に年配の人は、死亡率の低い若い人が同じ保険料を払ってくれるぶん、自分の保険料負

個人年金保険の払込総額を比べると……

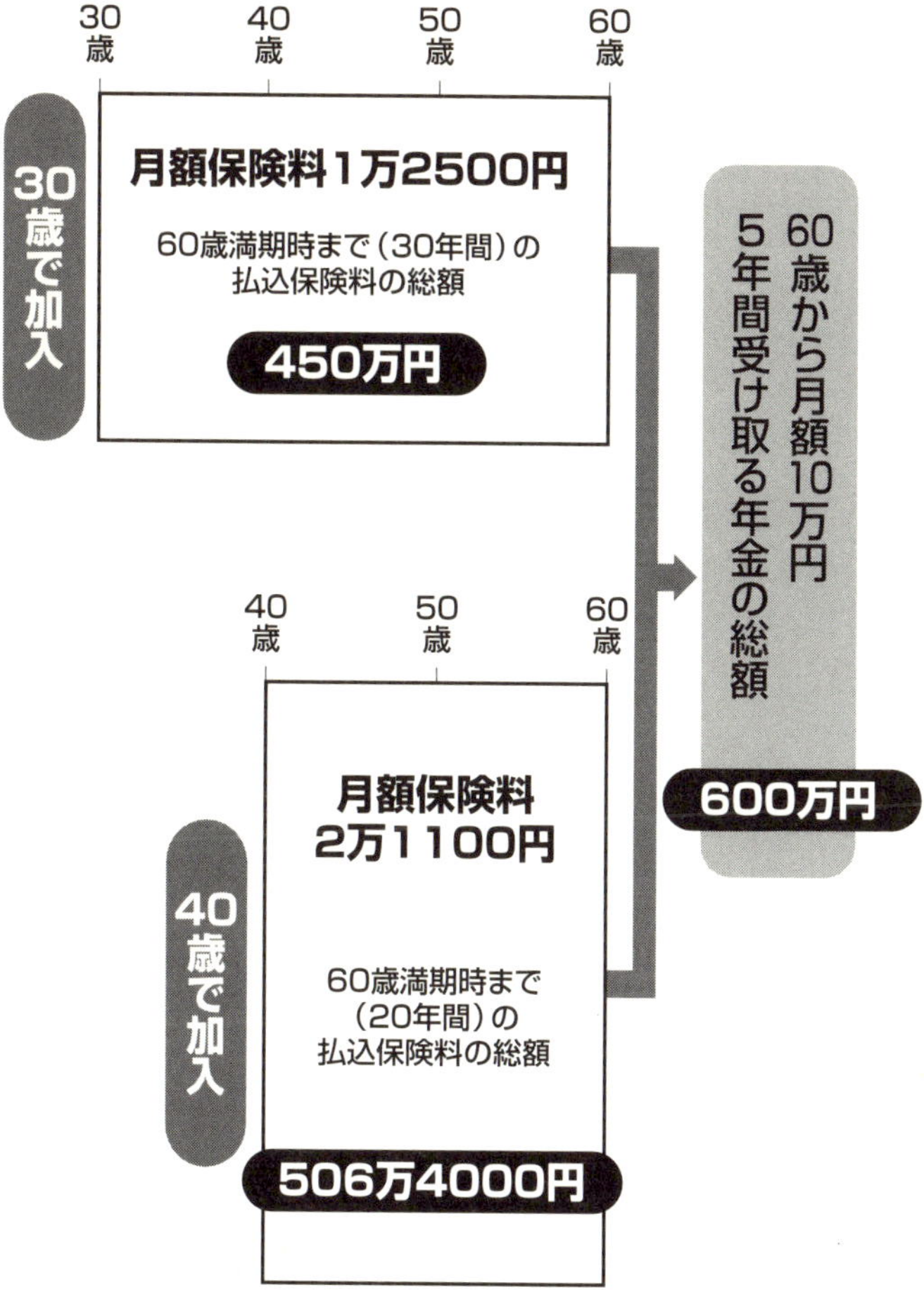

払込保険料の差は、10年長い積み立ての運用利息。

担は減りますから、トクと言えます。

全国生協連の県民共済も、同じ理由で、年配の加入者は、若い加入者に比べてトク。では、死亡保障や病気保障のように掛け捨ての保障ではなく、将来的な貯蓄となるこども保険や養老保険、個人年金などは、保険料が安い若いうちに加入したほうがトクでしょうか?

結論から言えば、こうした商品は、若い頃に始めると、そのぶん長く積み立てられますから、少しまとまった金額になりますが、だからといってトクとは言い切れません。

たとえば、60歳から5年間、月に10万円ずつもらえる年金に加入する場合、30歳で加入すれば保険料は月１万２５００円で済みますが、40歳で加入すれば保険料は２万１１００円になります。30歳で加入したほうが保険料は安いですが、30歳加入だと30年間保険料を払い続けるので、トータルでは４５０万円ほど払うことになります。一方、40歳で加入すると支払い期間は20年ですから、トータルの支払額は５０６万円ほどになります。**その差は56万円。**

確かに、30歳の人のほうが総支払額は56万円ほど少なくなりますが、これは貯金と同じで、10年長く積み立てしているので、その運用利息がつくから。たぶん、銀行や郵便局で積立預金をしていても、このくらいの差はつくでしょう。**同じくらいの差だったら、解約時にペナルティーのかからない郵便局や銀行の積み立てのほうがいい**という人もいるかもしれません。

Q2
掛け捨ての保険はもったいない？

A2
保険の基本は、掛け捨てです。予定利率の低い今は、むしろ掛け捨てのほうがいい！

生命保険は、加入者の相互扶助の考え方で成り立っている金融商品です。基本は、死んだ人の遺族に、生きている人がお金を出し合って保険金を支払うというものです。

ですから、1億円の死亡保障の保険に加入して、加入後に病気などで死亡すれば、たとえ1カ月ぶんの保険料しか納めていなくても、1億円の保険金が出ます。けれど、同じ保険で月に何万円も保険料を支払っていても、元気でピンピンしていれば、ずっと加入し続けていても1億円はもらえません。

こう書くと、「でも、死ななくても、満期になればお金が戻ってくる保険があるじゃないの。これって、ちょっとトクな気がするけど……」という方もいらっしゃるでしょう。

確かに、加入している途中でお祝い金がもらえたり、満期のときにまとまったお金がもらえる保険は、単なる掛け捨ての保険よりもトクな気がするかもしれません。たとえば、加入途中で定期的にお祝い金が出る保険の場合、「お祝い金」という名前からすると、加入している保険会社が無事でいることをお祝いしてお金を出してくれるというようなイメージを持ちやすいようです。けれど、「お祝い金」としてもらうお金は、**「お祝い金」用に自分で積み立てるお金**で、支払っている保険料のなかから一定額が積み立てられているのです。満期に戻ってくるお金というのも、同じように別途積み立てられているのだと思えばいいでしょう。さらに、終身保険などでは、保険料の払込満了後に解約すると、まとまったお金が戻ってきます。このお金も、**将来の保障を買っていくために、払い込んだ保険料のなかから積み立てられてきたお金**です。

つまり、掛け捨てでない保険というのは、死亡、医療などの保障を掛け捨てで確保する保険料のほかに、**受け取るお金を保険料として自分で積み立てている**のだと思えばいいでしょう。この積立部分は、加入時に決まっている利率で運用されます。これを予定利率と言い、予定利率については会社によって差が出てきていますが、今だと2％前後という保険会社が多いよう。

2％前後と言えば、低金利の今なら、有利な金融商品という気がします。けれど、見落としてはいけないのは、保険である以上、必ず、保険運営のための経費がかかるということ。払った保険料が、まるまる2％で運用されるのではなく、**保険運営の経費を差し引かれ、さらに死**

「お祝い金」という名前がついているが
ホントは自分が積み立てたお金！

亡保障の料金が差し引かれて運用されていくということです。

たとえば、個人年金というのは、将来、自分で積み立てたお金を自分でもらう貯蓄型の保険の代表ですが、某大手生命保険会社の有配当年金の場合、50歳から65歳まで年金を積み立て65歳時点での一括受け取りが５００万円になる商品を見ると、月々の支払い額は２万８４７２円。つまり、トータルで５１２万４９６０円支払って、５００万円の年金原資を作るということになります。もちろん、有配当なので、配当がプラスαされて増える可能性もありますが、これはあくまで可能性であって保証されているものではありません。

だとすれば、月々２万８４７２円を銀行積み立てにすれば、金利がゼロだったとしても15年後には５１２万４９６０円になりますし、もし、１％でも金利がつけば、５５０万円くらいにはなっているはずです。

さらに、銀行の預金ならば、中途引き出しすると金利分にはペナルティーがかかるかもしれませんが、積み立てたお金そのものが目減りするということはありません。けれど、生命保険の場合には、**加入してすぐに解約すると、払い込んだお金より、戻るお金が目減りすることも**。

しかも、保険の場合には、５年以上の長期で加入するケースが多いですが、長い間には、郵便局や銀行の金利も上がってくることが予想されます。なのに、ずっと最後まで予定利率の低い今の貯蓄型の保険に入り続けるのは、ソンという気がしませんか？

個人年金と貯金を比べてみると……

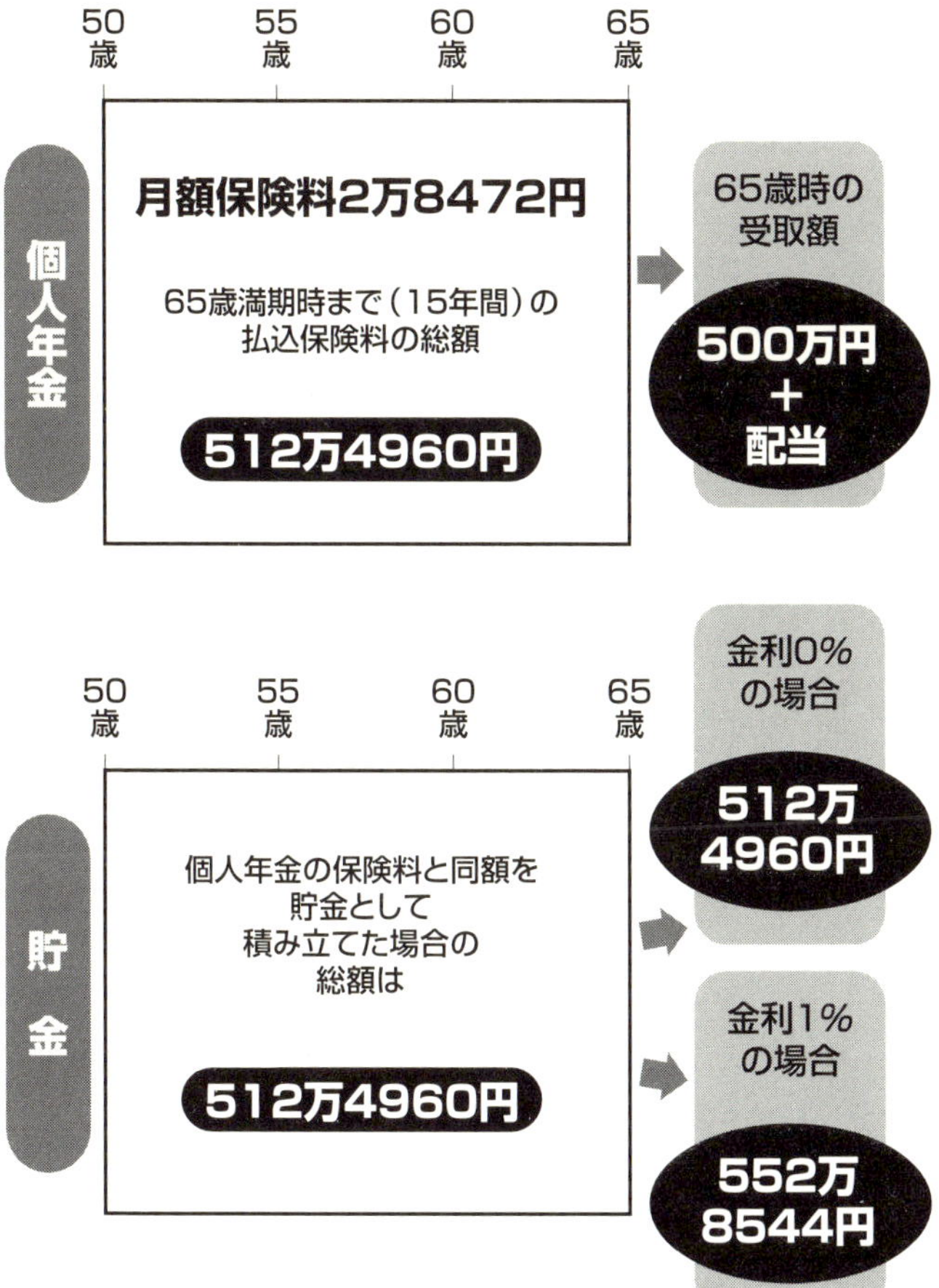

貯蓄性のある保険がおトクかどうかは
払込保険料の総額と受取額を比べてみないと
わからない。

Q3
同じ保険なら、長期と短期、どちらがおトク？

A3
保険料だけなら長期がトクでも、無駄なく保険に入るなら短期がいい。

同じ保険で、同じ保障額を確保するなら、保険料だけの計算をすれば、長期加入が有利と言えます。

現在、無配当の通信販売で、期間１年という最も短い定期保険を一般向けに売り出しているのがＤＩＹ生命。このＤＩＹ生命の保険料と、同じ無配当の通信販売で、現在、最も安い保険料を出しているオリックス生命のオリックスダイレクト定期保険を比較してみましょう。

20年間いつ死んでも１０００万円の死亡が保障される定期保険に、40歳で加入する設定で計算すると、オリックスの定期保険の保険料は、年間5万２３２０円で、20年間のトータル保険料は１０４万６４００円。一方、ＤＩＹ生命の定期保険は、１年ごとに保険料がアップしていくタイプで、40歳で

長い人生の間にずっと同じ保険金は必要ない

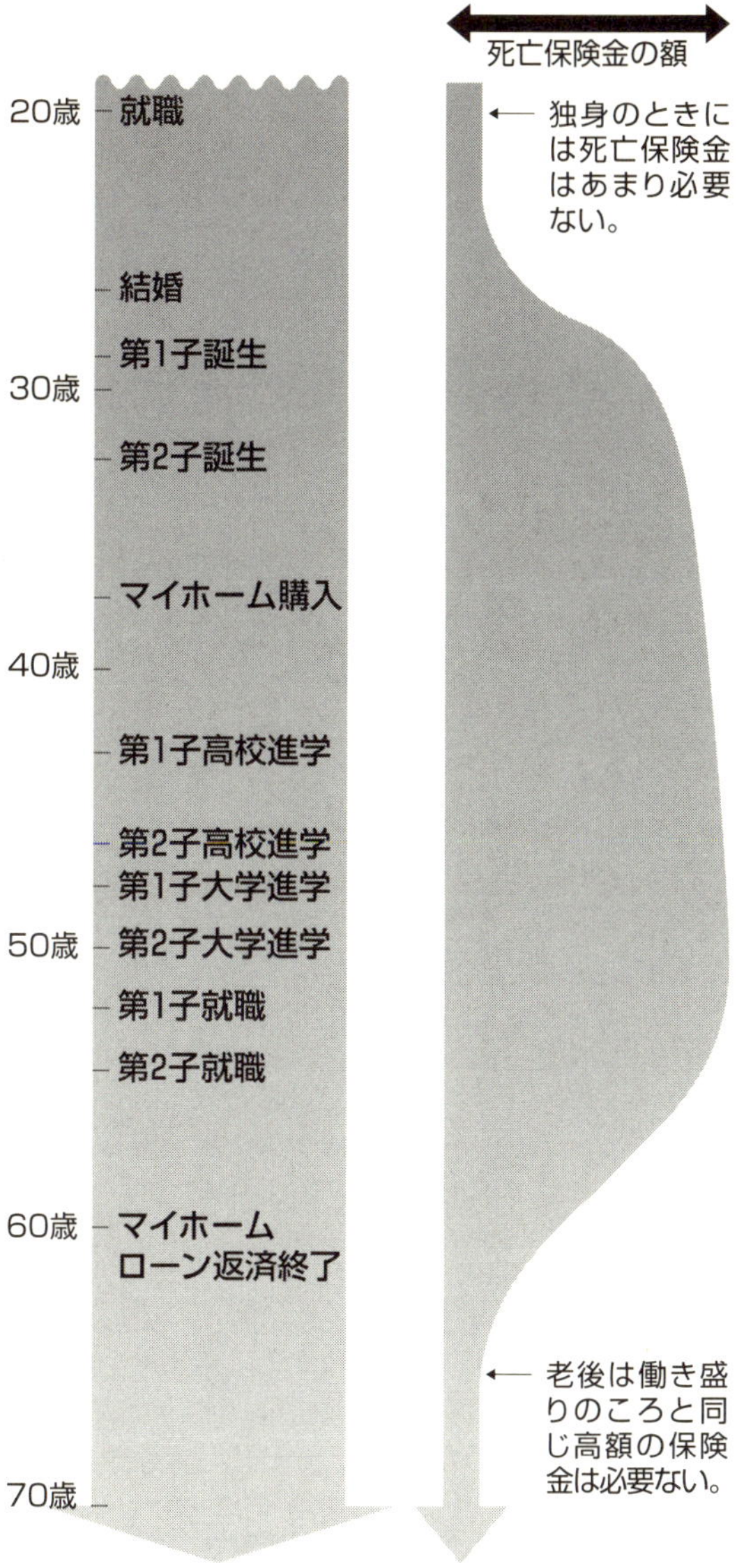

は年間保険料が3万８２０円ですが、毎年上がっていって20年後の59歳では11万７８８０円になり、トータルの保険料は１２４万１３８０円になります。

確かに、1年ごとに手続きをしなくてはいけないと、その経費ぶんが保険料に上乗せされますから、料金は上がります。ですから、保険料だけを見ると、同じ保険で同じ保障を同じ期間確保するなら、長期加入したほうが有利ということになるでしょう。

ただ、**50歳を過ぎても、40歳のときと同じ保障が必要でしょうか？**

40歳からの10年間は、子供に多くの教育費がかかります。もし、教育費を稼ぎだす一家の大黒柱にもしものことがあると、子供の進学にも影響してきます。ですから、それなりの保障を確保しておかなくてはなりません。

けれど、50歳代になると、家庭状況も変わってきます。通常のご家庭では、お父さんが50歳を過ぎたころには、子供が社会人となり、手元を離れるようになるからです。

そうなると、今まで子育てのために必要だった保障よりは、**少ない保障でも十分**ということになります。

だとすれば、40歳代と同じ保障ではなく、保障額を必要な額に見直していくというのも、保険の合理的な加入方法の１つと言えます（減額という方法もあります）。

そういう意味では、長期で同じ保障を確保していくことが、必ずしも実情に合っているとは

定期保険の保険料を比べてみると……

保険には各社の商品で、それぞれメリット、デメリットがある。比較して自分に合ったものを選ぶのが一番おトク。

オリックスダイレクト定期保険

40歳　50歳　60歳

年間保険料5万2320円

20年間の払込保険料の総額は

104万6400円

メリットは保険料が安いこと!

DIY生命定期保険

40歳　50歳　60歳

年間保険料は
40歳3万820円から
毎年上がり、59歳で
11万7880円
20年間の払込保険料の総額は

124万1380円

メリットは保険料が安いことと、その時々で必要な保障額を設定できること!

国内生命保険会社の一般的な定期保険

40歳　50歳　60歳

年間保険料6万5000円

20年間の払込保険料の総額は

130万円

＋配当金

メリットは配当が出ること!

言えない面もあります。

　オリックスダイレクトの定期保険とＤＩＹ生命の定期保険は、ともに経費を大幅カットしたディスカウント保険で、配当の出ない無配当保険。それだけに、安いもの同士の比較ということになります。一般的な保険会社で扱っている配当の出るタイプの保険の場合には、まとめて長期加入しても、1年ごと加入のＤＩＹ生命よりも高くなるケースもあります。たとえば、某国内生命保険会社で20年の定期保険に加入すると、年間の保険料は年6万５０００円。トータルで１３０万円支払うことになります。ただ、この保険では、普通配当と特別配当が出ます。

　普通配当は、生命保険に加入して2年たつと受け取れる配当金で、詳しくは、２２８ページの「どうして、配当が出ない保険が出てくるの?」でお答えしていますが、保険の収支を計算して、あらかじめ徴収した保険料のほうが、実際に死亡した人や病気になった人などに支払われる保険金や給付金よりも多かったり、預かった保険料の運用実績が予想以上に良くて、そこで利益が出たといった場合に、多いぶんを加入者に公平に分配するものです。一方、特別配当とは、保存してきた株や不動産などを売却して利益が出たものを積み立て、これを財源として長期の契約者に対して支払われる配当。長期で加入するほど、増える配当です。

　保険会社のなかには、日本生命のように、配当をポイント化し、続ければ続けるほどこのポイントが加算されて増えるところもあるので、こうしたことも参考に。

Q4
医療の保障は、特約でつける？それとも医療保険に加入したほうがいい？

A4
主契約がしっかりあるなら特約で、それ以外なら医療保険でカバーする。

病気になったら、日本では、全員が何らかの公的な医療保険に加入しているので、サラリーマンなら2割負担、専業主婦でも3割負担で病気の治療をすることができます。

しかも、入院しても月にかかったお金が6万3600円を超えたぶんについてはお金を戻してもらえることになっています。

とはいえ、これは健康保険の範囲内での治療の話。健康保険対象外の治療をしようと思えば、生命保険での医療保障の確保は欠かせません。

この場合に問題となるのは、医療保障をどのように確保したらいいのかということ。

医療保障の確保の仕方は、2つあります。1つは、現在の保険に、**医療特約として保障を付加する方法。**もう1つは、**医療保険という単体の保険に加入する方法**です。

特約というのは、加入中の保険に、つけたり辞めたりできる保障のことで、その種類は、通常ある保険商品とほぼ同じだけあります。定期保険があれば、定期特約もある。医療保険があれば、医療特約もある。がん保険があれば、がん特約もある。養老保険もあれば、養老特約もあるといった感じです。

ただし、**保険の種類によっては特約がつけられるケースと、つけられないケースがあります。**これは、会社によっても違います。

大まかに、どちらがトクかというと、同じ保障に対する保険料だけを比べたら、医療保険に加入するよりも**医療特約をつけたほうがおトク**と言えます。

なぜなら、医療特約と医療保険の大きな違いは、医療特約には死亡保障がないこと。特約は、死亡保障のある生命保険に、アクセサリー的な感じでつけるものなので、それ自体には死亡保障がありません。一方、医療保険の場合、いくら目的が医療の保障でも、生命保険である以上は、たとえ50万円でも１００万円でも、必ず死亡保障がついていないと商品として成立しません。ですから、**死亡保障を確保するぶん、保険料はアップする**ことになります。

ただ、死亡保障がいらない独身者などは、不必要な保険に入って特約をつけるよりも、ズバ

健康保険のきかない治療費に
ご用心！

り、医療保険に加入したほうがいいでしょう。

特約と医療保険では、給付の条件が違うケースがかなりあります。基本的には、医療特約だと病気やケガで入院した場合、5日以上入院したら5日目から給付金の支払いが始まります。ただし、87年3月前につけた医療特約だと、継続して20日以上入院した場合に、1日目から支払われます。一方、医療保険は、医療特約と同様に、5日以上入院したら5日目から給付金が支払われる会社と、8日以上入院したら1日目から支払われる会社があります。

保険期間は、医療特約は、満期のある保険につけるものは、最長でもその保険の満期までしかつけられません。一方、医療保険の場合、通常は80歳くらいまでの保障で、なかには一生涯の保障をするものもあります。

また、特約の場合、注意しなくてはいけないのは、「更新型特約」といって、**一定期間が終わると、保険料がアップする**タイプがあること。ある程度の年齢になって、重い負担を負うことになります。終身保険のように、60歳までに一生分の保険料を払い込んでしまうタイプの保険についている特約は、終身保険の保険料を払い終えた後に、**特約保険料だけは払い続ける**というケースも出てきますし、その時点で、後々の**特約保険料を一括払い**しなくてはいけないという会社もあります。そうなると、一度に50万円以上というまとまった出費になる場合もあるので気をつけましょう。

医療保険と医療特約で多い例

	医療保険	医療特約
保険料	死亡保障がついているぶんだけやや高い。	死亡保障がないぶんだけ安い。
加入	単体で加入できる。	定期保険や、終身保険など主契約に付随するものなので単体では加入できない。
給付条件	5日以上の入院で5日目から支払われるものと、8日以上入院したら1日目から支払われるものがある。	基本的には5日以上の入院で5日目から給付金が支払われる。1987年3月以前の医療特約は20日以上の入院で1日目から支払われる。
保険期間	80歳くらいまでもしくは一生涯。	主契約の保険の満期時まで。
その他		更新型特約は途中で保険料がアップ。60歳払済終身保険は、60歳以後、一括もしくは継続で特約保険料を支払うケースもある。

Q5
会社で加入する保険は、なぜ同じ保障なのに保険料が安いの？

A5
会社の保険では、保険募集のための費用がかからないからです。

同じ保障でも、**会社で入る保険は、個人で入る保険よりも、保険料が安く**なっています。

なぜ、会社で加入する団体保険が、個人で加入する個人保険よりも安くなるかといえば、まず、会社を通じた一括加入なので、保険募集のための手数料が、個人で加入するときのようにかかりません。早い話が、会社が、企業の福利厚生の一環として保険の外務員の仕事を代行しているようなもので、あくまで福利厚生としてやっているので、**募集の手数料は保険料には上乗せされないということ。**

また、加入者の健康状態なども会社がチェックするので、**加入時の医師の審査も不要で、これも、保険料のダウンにつながっています。**

同じ保障でも、安く買える団体保険ですが、それだけに、**個人保険にはないような制約**もあります。

個人の保険では、加入する人の健康状態などは加入している一人ひとりを対象にチェックされ、余剰金が出た場合には、配当金として個人に返されます。けれど、団体保険では、その団体を1つの単位として観察したうえで基準に達していれば申し込みを受け付けているので、保険料収入と保険金支払いは、団体ごとに計算されます。ですから、その団体のみんなが病気ひとつせずに元気で、保険金や給付金の支払いが少なかったら、その余剰金は加入者に配当として分配されます。逆に、死亡した人が多かったら、その団体だけは配当が出ないということも起きます。

そこで、あまり突飛な状況にならないために、各団体では、加入者の入れる保険金額を一定にしたり、役職や勤続年数、所得などによって得られる保障の上限金額をあらかじめ決めるなどの措置を取っています。

ですから、会社が個人のために保険料を支払っているケースにしても、個人が任意で加入しているケースにしても、必ずしも求めるだけの**十分な保障が、団体保険だけでは確保できない**という場合が出てきます。

また、団体保険は、その団体に所属している期間中しか加入していられません。もし、定年退職したり、転職するなどで会社を辞めるようなことになると、その段階で、加入していた保険もやめなくてはなりません。

このほか、団体保険には、会社で加入するタイプだけでなく、住宅ローンを組んだときに加入する団体信用生命保険もあります。

これは、ローン残高に応じて生命保険に加入するというもので、常にローンの残債と生命保険の金額が同じになるように設定されていて、ローンを借りている人が死亡した場合には、**生命保険で残りのローンの残債が相殺**されることになっています。

民間の銀行の場合には、ローンを借りた時点でこの保険に加入することになりますし、住宅金融公庫では任意加入ですが、現在9割の人が加入しています。保険料は、通常の生命保険よりも割安になっていますが、公庫の保険の場合には、**年齢にかかわらず保険料が一律なので、年配の人ほどおトク**です。

団体保険とはちょっと違いますが、カード会員がカード会社の保険に加入するといった場合には、団体扱いで割引になります。

たとえば、ＪＣＢカードなら、アメリカンファミリーとアリコジャパンの医療保険に限られますが、アメリカンファミリーで6％引き、アリコジャパンで3％引きに。カード会社によって、割引保険があるところとないところがあり、扱う保険の種類も違うので、チェック！

団体保険は募集の手数料などが
かからないぶん、保険料をダウン！

Q6
病気を隠して加入すると、なぜ保険料が支払われなくなるの？

A6
加入時の健康状態には、正直に自己申告する告知義務があるからです。

生命保険は、現在、健康な人たちが加入し、将来そのなかから、病気になったり死んで遺族が生活に困るような人が出たときに、出し合ったお金を使う相互扶助のシステムです。そして、この組織を維持するために、過去の統計を踏まえた保険料を徴収しています。

ただ、この集団のなかに、基準よりも**健康状態が悪い人がたくさんいると、保険金や給付金の支払いもそれだけ増える**ことになりますから、大赤字となり、成り立たなくなってしまう可能性があります。

これでは、健康な人はたまりません。ですから、生命保険では、加入する条件として、健康条件の基準に達していることが必要となってきます。

もちろん、健康でない人は、生命保険に加入できないかというと、そうではありません。標準的な健康基準に合わない人でも、その危険度に応じてグループを作るとか、一般の人のグループに入るにしてもそれなりの高い保険料を支払う、一定期間の死亡は認められない、一定の保険金額以下しか加入できない、特定の病気については保険金や給付金が出ないなどの**ハンディを負えば、入れるケースもあります**。

それだけ、保険に加入する際に、自分の**健康状態を正確に保険会社に伝えるということは、重要なこと**なのです。

保険会社でも、加入を引き受けるときには、医師の診断や営業職員の報告をしっかりチェックします。ただ、それだけでは、健康だと判断するのに不十分というケースも出てきます。

そこで、生命保険では、加入者自身に健康状態などを自己申告してもらう「告知」を重要視しています。加入者には、この「告知」を義務とし、この義務を果たさなかった場合には、**「告知義務違反」ということで、最悪の場合には保険金も支払われません**（通常の範囲では解約返戻金相当額は支払われるケースが多いようです）。契約者が契約の際に、故意に事実を隠したり、嘘を言ったりしたら、保険会社は保険金を支払わなくてもいいということは、法律にも書いてあるのです。

ただ、この「告知」については、多くの保険会社では、過去5年の間の病気で、治療に1週間以上かかっているものというような定義をしています。

では、加入時に正確な「告知」をしないで、加入後に病気があることがわかった場合にはどうなるのでしょう?

「告知義務違反」に対して、契約を解除できる期間は2年としている生命保険会社が多いようです。ですから、加入して1年目に病気が悪化し、死亡したというような場合で、この病気についての「告知義務違反」だったことが判明すると、本人は保険料を払い続けていたにもかかわらず、遺族には死亡保険金は出ないことになります。

保険会社では、契約が成立して保険証券を出すときに、申し込み時に告知した告知書のコピーを一緒につけて送り返してくれます。ですから、これを見て自分の申告に間違いがあったら、すぐに保険会社に連絡をとりましょう。ただし、「告知義務」は、保険会社から質問されている事柄だけにあるのですから、**それ以外のことは申告しなくてもかまいません。**

ちなみに、加入者の健康をチェックする方法には、医師による診断がオーソドックスですが、その診察料などは保険料に付加されます。ですから、なるべく保険料を安くするために、健康診断書を提出してもらったり、告知だけで加入させる保険もあります。ただ、こうした保険では、健康診断書や本人の告知をそれなりのノウハウで厳しくチェックしているので、こうしたところだから加入しすいというような錯覚は抱かないほうがいいでしょう。

いくら「相互扶助の精神」と
いってもこれでは……！

Q7

老後資金は、個人年金がいい？それとも現金で貯める？

A7

予定利率が低い今は、個人年金に入るより現金貯蓄が有利でしょう。

１９６１年４月２日生まれの人から、厚生年金が完全に65歳支給になり、現在の60歳以上のリタイアしたサラリーマンに比べると、**約1000万円ほど、老後にもらえる年金が減る**ことになりました。

しかも、少子高齢化は今後さらに進み、５年後の改正では、さらに厳しい状況が生まれてくることが予想されています。

また、介護保険などもスタートしていますが、この制度についても、少子高齢化のなかで、今後の保険料アップ、給付先細りは避けられないのではないかと言われています。

こうした状況を背景に、お上が頼れないなら、自力で老後を何とかしていこうということで、個人年金に加入する人が増えているようです。

個人年金といえば、生命保険会社の個人年金と言われるほど、生保商品はすっかりポピュラーになっています。

ただ、今の時期、個人年金に加入することが有利かというと、そうとばかりは言い切れません。個人年金というのは、老後のためにお金を積み立てて（一時払いもありますが）、それを元金にして、将来、年金をもらっていくというものです。

ところが、この**積み立ての利率が、今は、とても低いのです**。生命保険は、保障の掛け捨て部分、経費部分、積立（貯蓄）部分の３つで成り立っていますが、貯蓄部分は、低金利の影響で、会社によっても違いますが、現在２％前後の予定利率となっています。これは、個人年金も同じです。

２％と聞くと、郵便局の定額貯金が０・２％ですから、これよりいいじゃないかと思う人もいるかもしれません。けれども、郵便局の場合には、１万円預ければその１万円に利息がついて増えていきますが、個人年金の場合には、１万円払っても、**まるまる貯蓄にまわるわけではなく、そこから年金運用の経費などが引かれます**。

さらに、年金だと、積み立てが、20年、30年と長期にわたり、もらい始めてからが長いというものもかなりあります。

たとえば、某大手生命保険会社の個人年金の場合、30歳から30年間、月々１万円ずつ積み立てると、60歳までに保険の原資が４１１万円貯まります。確かに予定利率は２％ですが、１万円を30年間積み立てて４１１円ですから、貯金と考えると実質的な利回りは１％弱。

だとすれば、老後資金は現金で積み立て、老後に個人年金が必要だと思ったら、そのときに、**一時払いという有利な支払い方法で、個人年金に加入しても遅くはない**でしょう。

30年の間には、世の中は、どう変わっているかわかりません。戦争という大きな出来事を挟んで生命保険に加入していた人たちは、急激なインフレのなかで、せっかくの保険の積み立てが二束三文になってしまいました。この先、そうしたことが起きないとは限らないのです。

そうではなくても、ゼロ金利が長く続いた反動で、**今後、インフレに向かう可能性は十分に考えられます**。

今、世界のなかで、ゼロ金利なのは日本だけ。他の国では、預貯金の利回りが4~6％あります。ですから、世界的に見ても、日本も景気回復すれば、いずれはこれくらいの水準に戻ってもおかしくありません。そのときに、加入している年金だけは2％前後、それも、まるまる２％で預けられるのではなく、経費や保障を差し引いて２％では、割が合わないと思います。しかも、２００１年4月からは、この予定利率はさらにダウンして１・５％になりそう。

年金でも、変額年金のように物価上昇に強い年金や、長割り終身のように有利な仕組みになっているものには検討の余地もありますが、これから入る個人年金は、ほとんど魅力なしです。

老後資金は生命保険がトクとは限らない

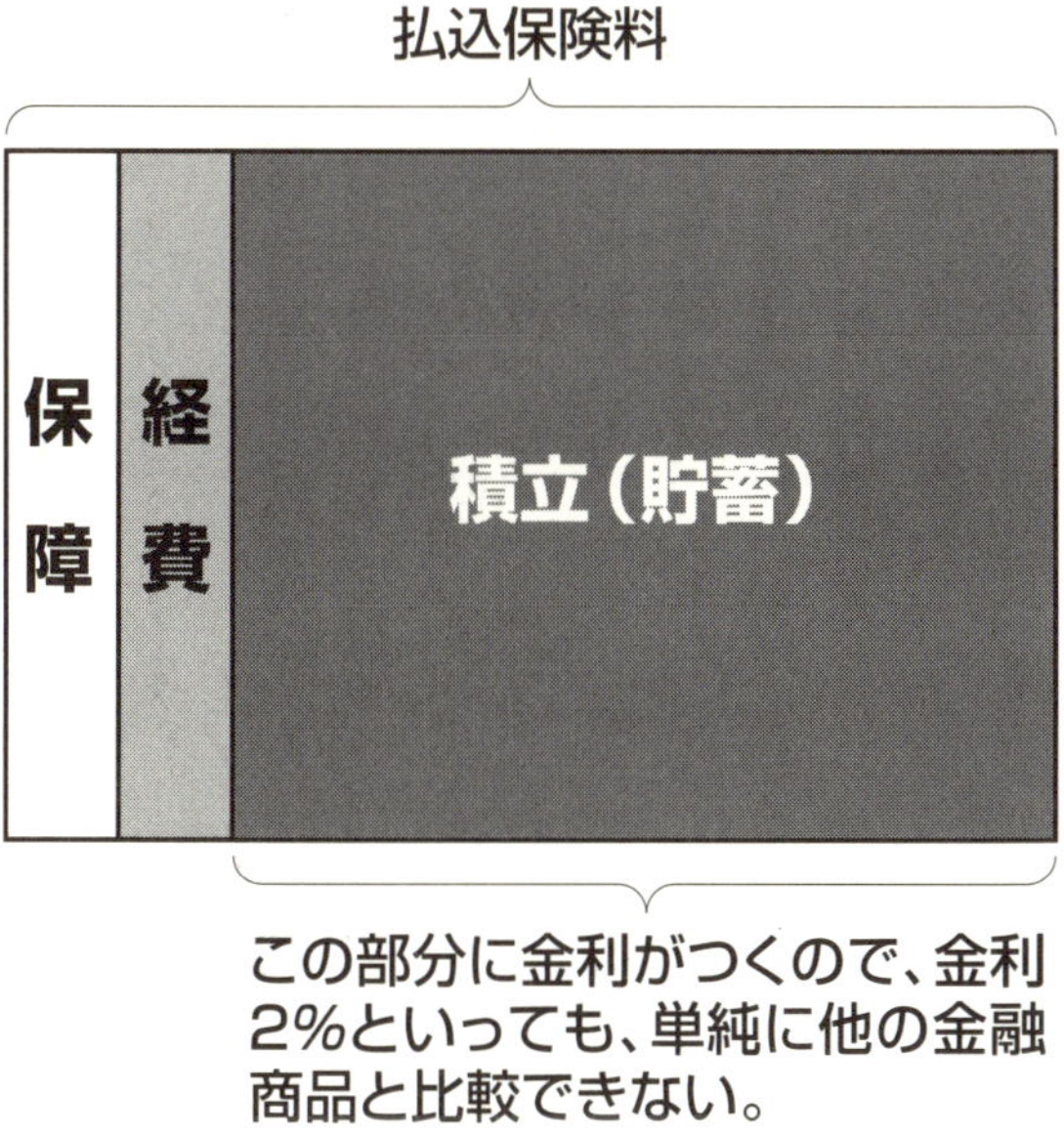

大手生命保険会社の個人年金の場合

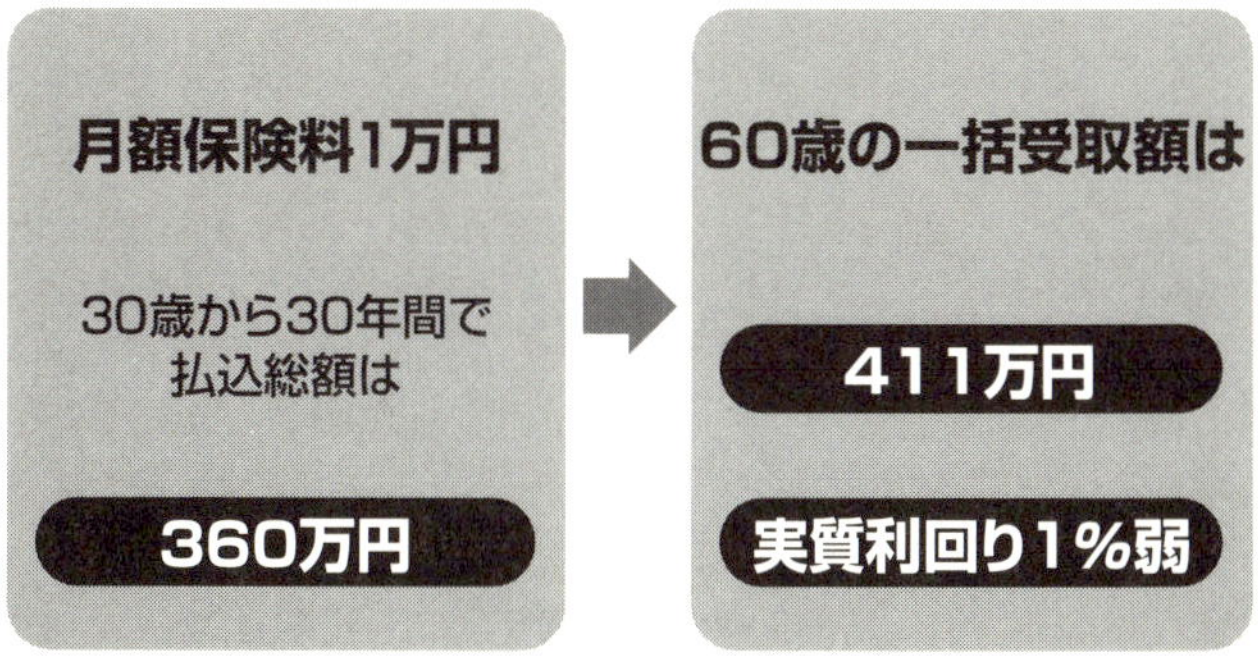

Q8
まとめ払いするほど保険料が安くなるのはなぜ？

A8
まとめ払いほど、銀行口座引き落としの手数料や取り扱いの経費が少なくて済むからです。

八百屋で、まとめて買い物をすればオマケしてくれるように、生命保険でも、**保険料をまとめて払えば、保険料を割安にしてくれます。**

保険料といえば、毎月、決まった銀行口座から引き落としするというのがオーソドックスな方法です。ただ、保険料の払い方というのは、月払いだけではありません。

保険料に差が出る払い方には、大きく3つあります。

まず1つは、月払いより、半年払い。半年払いより年払い。年払いより全期前納。さらに、全期前納よりは一時払いと、**なるべく支払いをまとめる**ことです。もう1つは、銀行や郵便局からの口座振替にするか、営業職員が集金するか、勤務先で給料などから引き落としてもらうかといった**支払い方法**。

保険料はまとめて払うほどおトク

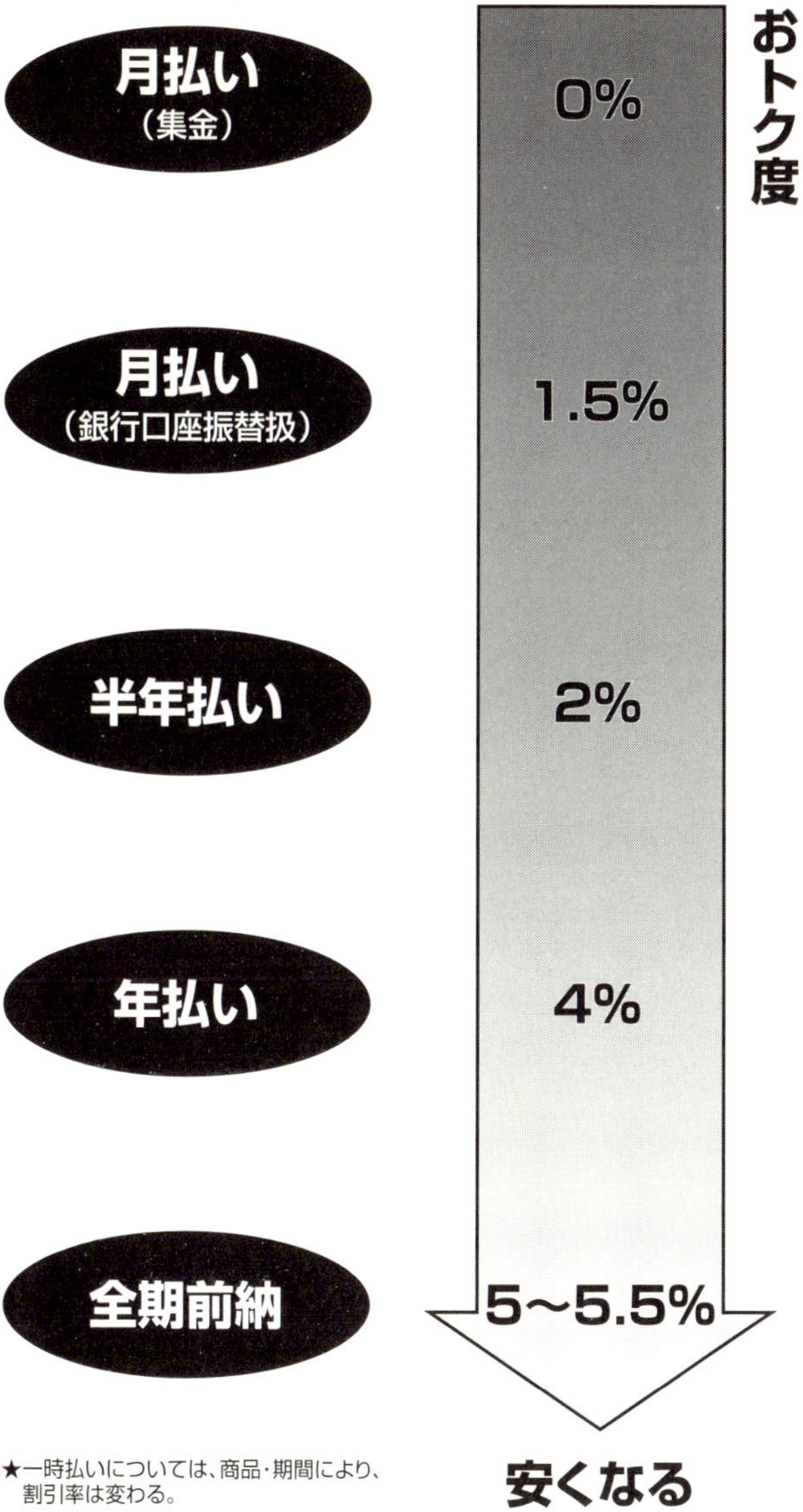

★一時払いについては、商品・期間により、
割引率は変わる。

最後に、**保険の全期間にわたって保険料を支払っていく**やりかたと、終身保険などに多い一定年齢までにすべての保険料を払い込んでしまうやりかたです。

そこで、この3つについて、それぞれ見てみましょう。

まず、保険料を何回かに分けて支払う場合ですが、この**回数は、少なければ少ないほど、保険料が安くなります**。なぜなら、同じ銀行引き落としで、毎月支払うケースと年1回支払うケースを比べてみると、毎月支払うケースでは12回の引き落とし手数料がかかりますが、年払いなら手数料は1回ぶんで済みます。保険料が引き落としになる際の手数料は、支払う側には請求されないので、私たちは無料で引き落とされているように錯覚しますが、実は、これもしっかり保険料に含まれているのです。また、引き落としの通知を出すなどの手間ひまも、回数が少ないほど少なくて済みます。

ですから、**通常は月払い（集金）に比べて半年払いだと2%、年払いだと4%、一時払いの場合には加入期間でもかなり違うので何%とは言えませんが、かなり割安になります**。

この一時払いと似た払い方で、全期前納という支払い方法があります。これは、全期間の保険料をあらかじめ払ってしまうという点では、一時払いに似ています。ただ、一時払いに比べて、全期前納のほうが保険料が高くなります。なぜなら、全期前納というのは、確かにあらかじめすべての期間の保険料を支払うのですが、支払われた保険料はすべて保険に払い込まれる保険の集金費は、まとめ払いにするほど安くなる！

のではなく、保険会社が預かっていてこのなかから、毎年、必要な保険料が引き落とされていくというかたちになるからです。ですから、もし、加入中に死亡しても、一時払いだと保険料はすべて返ってきませんが、**全期全納だと、死亡したとき以降の保険料は戻ってきます**。たとえば、一時払い、全期前納それぞれで30万円の保険料を支払い、加入後すぐに死亡したとします。この場合、保険金はどちらも同額もらえますが、保険料は一時払いだと戻りません。一方、全期前納の場合には保険料も25万円（これは仮の数字です）、戻ってきます。そのぶん、保険料は、全期前納のほうが割高ということです。

支払い方法については、なんといっても人件費のかかる営業職員による集金が、最も割高になります。次は、銀行や郵便局などの口座から振り替える方法。ただ、**最も割安なのは、まとめて勤務先などで給料から引き落としてしまう方法**です。

また、払えるときになるべく保険料を支払うというやりかたをすると、短期間で保険料を支払うことになるぶん、保険料が上がります。サラリーマンの定年退職は、60歳のところが多いよう。けれど、終身保険などだと、保障は一生涯です。となると、収入がなくなる60歳以降も保険料を払い続けるというのは大変。そこで、**収入がある60歳までの間に、一生分の保険料を支払ってしまう方法がポピュラー**。

以上を頭に入れ、少しでも支払いが安くなる自分なりの方法を見つけてはどうでしょう。

Q9
保険を途中で解約するとソンなの？

A9
最初のうちは、払った保険料の多くが掛け捨て部分にまわされるからです。

「イザというときには安心だし、貯金にもなりますよ」と、会社に来る保険の営業職員に勧められ、ＯＬ時代に、定期付き養老保険に加入したA子さん。保険料は、月々1万５０００円。

けれど、結婚して専業主婦になり、年収４００万円のご主人の給料でやっていかなくてはならなくなった途端に、保険料の支払いが負担になり、解約しました。

ところが、3年間で54万円も払い込んでいたのに、手元に戻ってきたお金はわずかに18万円。これなら、全額貯金していたほうがマシでした。

A子さんの場合には、加入した保険の貯蓄部分が少なく、保障部分が多かったということもありますが、それにしても、

払っていたお金に比べて戻ってくる額が少なくてガッカリ。

なぜ、このようなことになるのかと言えば、保険は貯金と違って、払うお金がすべて積み立てにまわるわけではないからです。私たちが支払った生命保険の保険料は、**❶将来の保険金の支払いや途中で支払う解約返戻金のために積み立てておくお金、❷保障を買うために掛け捨てになるお金、❸保険を維持するために掛け捨てになるお金**の3つから計算されています。このなかで、将来、戻ってくるのは、❶の満期保険金や途中で支払う解約返戻金のために積み立てておくお金だけで、❷の保障を買うお金と❸の保険の維持費は、毎年、精算されて、プラスが残れば配当が出ますが、そうでなければ掛け捨てで終わりということになります。

A子さんの場合で言えば、毎月支払っていた保険料の1万5000円のうち、❶の部分は5000円ほどで、あとの約1万円は、❷と❸の支払いで掛け捨てになっていたということです。しかも、A子さんのように早い時期に解約すると、**解約控除として最初に払い込んだ保険料が掛け捨て部分にまわる率が高くなり、思ったほどは貯蓄にまわっていません。**A子さんのように、加入して早い時期の解約ではなく、長く加入し続けると、普通配当とは別に特別配当など有利な条件が付加されるので、解約がソンだというようなケースも出てきます。

ただ、だからといって、**必要でない保険にずっと入り続けていることはありません。**定期付養老保険という商品に加入していたA子さんの場合、死んだときにまとまったお金が遺族に渡

解約返戻金の仕組み

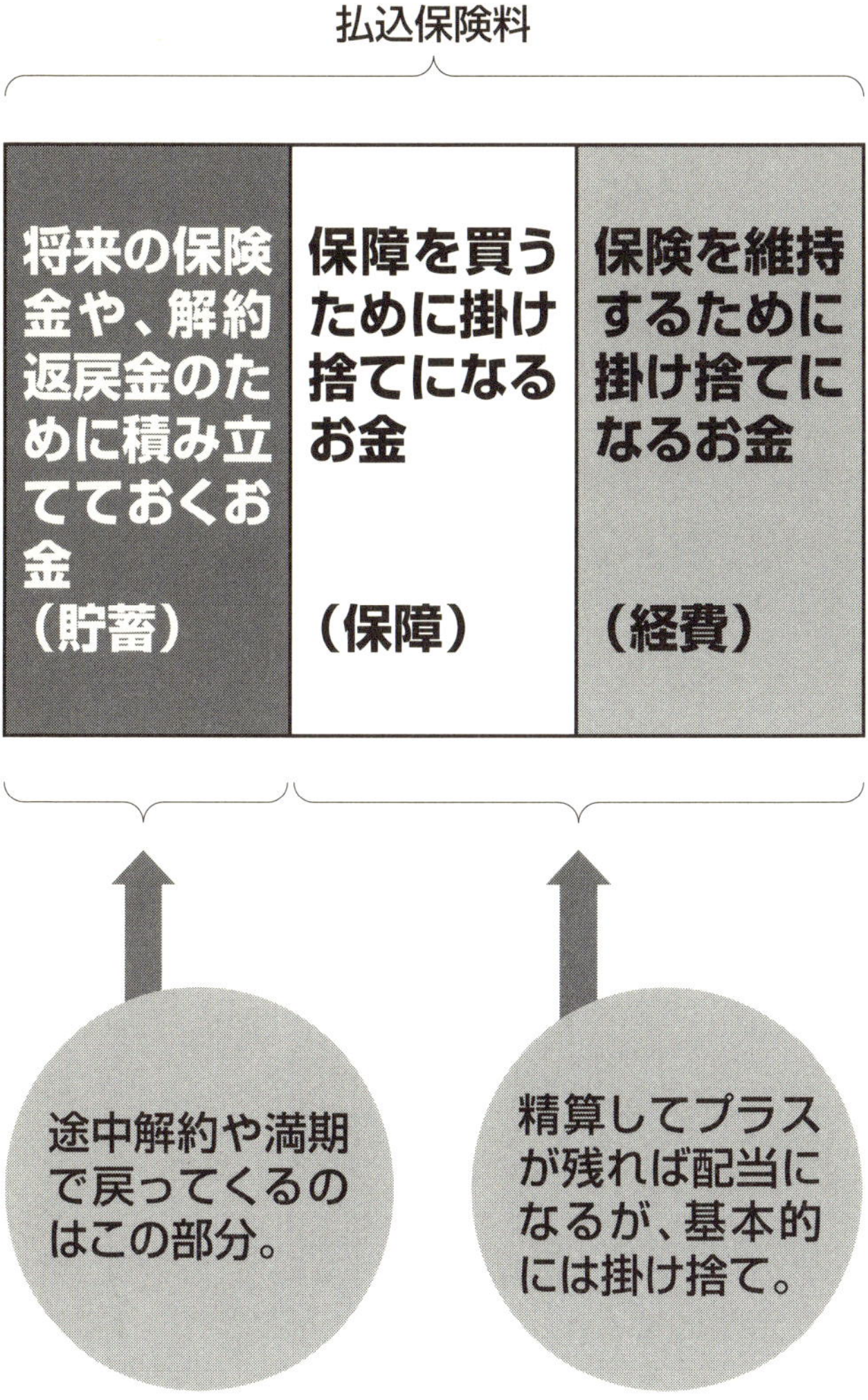

払込保険料
将来の保険金や、解約返戻金のために積み立てておくお金
（貯蓄）
保障を買うために掛け捨てになるお金
（保障）
保険を維持するために掛け捨てになるお金
（経費）
途中解約や満期で戻ってくるのはこの部分。
精算してプラスが残れば配当になるが、基本的には掛け捨て。

される定期部分が、本当に、必要だったのかは疑問です。

貯金のつもりで保険に加入するなら、最低限、**支払う保険料が何年で解約返戻金を上回るかを保険会社で聞いて**、それがあまりに長い期間かかるようだったら、現金で貯金するほうが有利だという判断をすべきです。

なかには、ずっと長く続けてきたのに、今さら解約すると、それまでの保険料の支払いが無駄になってしまうような気がするという人もいることでしょう。確かに、貯蓄型の生命保険の場合、現行では予定利率が2％前後しかありませんが、かなり前に加入した保険だと、貯蓄部分の予定利率が5％以上というものがたくさんあります。そういう人は、**掛け捨ての特約部分を削って、貯蓄部分はなるべく残すようにしておけば、貯蓄としての活用も可能**。

予定利率の高い保険の場合には、保険会社に解約した場合に戻ってくる金額を聞き、満期に戻ってくる満期保険金と、それまでに支払う保険料を比べ、やめるか続けるか判断しましょう。

もし、加入中の保険を解約したほうがいいという結論に達しても、その保険をやめる前に、最低限、**必要とされる保障は他の保険で確保してから**にしましょう。

いったん保険を解約し、その後に入り直す場合、その時点で病気が発見されると、入れなくなってしまう危険性があるからです。そういうことのないように、まずはしっかりと必要最低限の保障を確保し、そのうえで、必要でない保険を処分するようにしましょう。

途中で
やめたら、これまでの
努力が水のアワ!?

Q10
新聞などで保険の転換を悪者扱いするのはなぜ？

A10
知らずに転換させられ、高い予定利率が低くなってしまうケースが続出したからです。

古いタイプの保険を下取りしてもらって、新しいタイプの保険に変える「転換」が、今、方々から非難を浴びています。**保険の転換とは、たとえて言うなら自動車の下取りのようなもの。**自動車を新しくする場合には、古いものをそれなりの価格で査定して業者が引き取り、新しく買う車の代金から中古車の買い取り価格を差し引いてくれます。

これと同じようなことで、生命保険でも、古い契約で貯蓄部分のあるものは、新しく入る保険からその貯蓄額を差し引いてもらえますから、そのぶん、支払う保険料が割安になります。

保険の転換制度は、このように自分に合わなくなった保険をリニューアルするためにあるのですから、それ自体が悪者

転換が悪者扱いされる理由

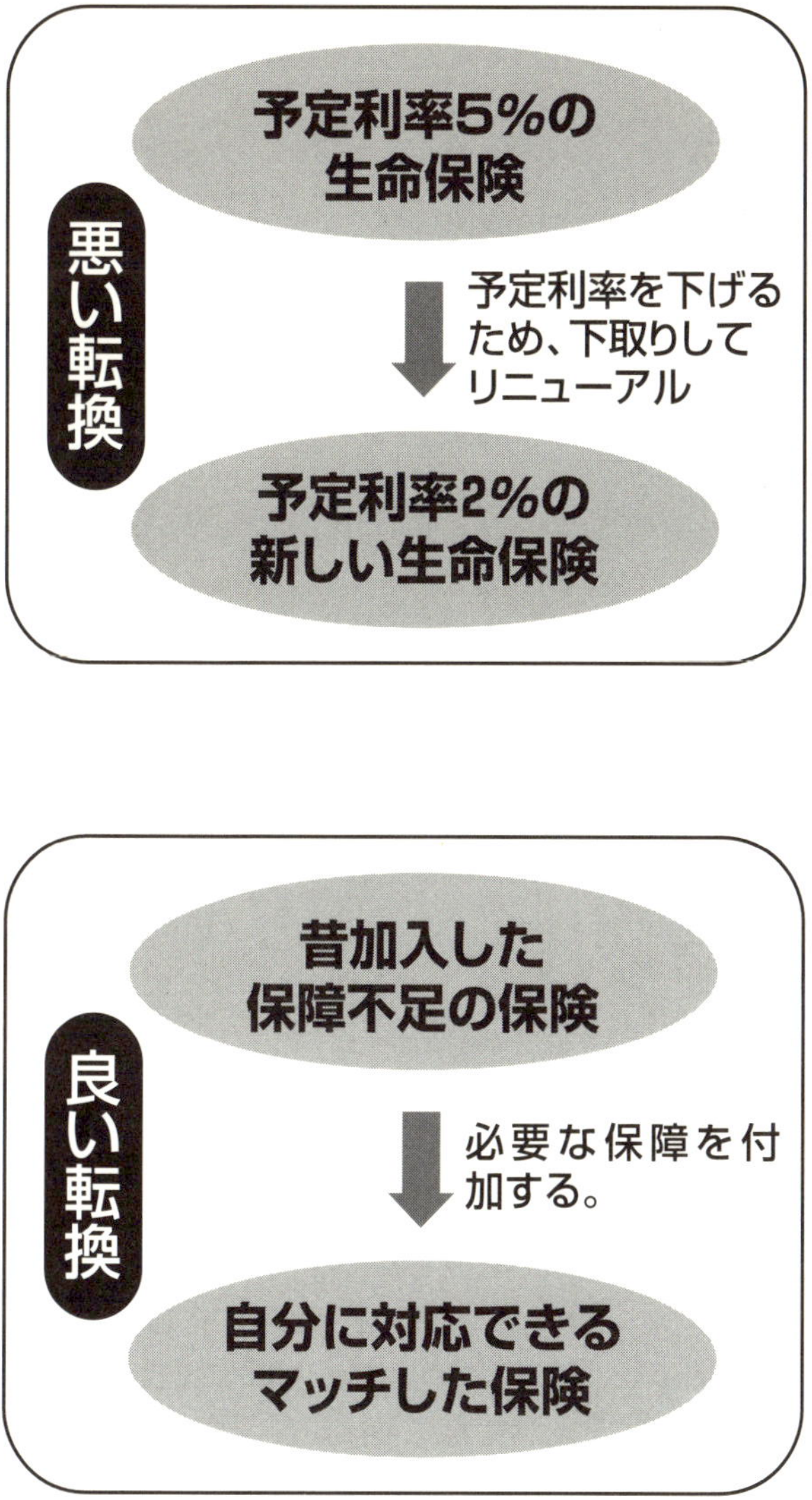

扱いされるいわれはありません。
ただ、なぜ転換制度が非難されているかというと、低金利のなかで、その昔に約束した5%台の予定利率の保険をたくさん抱えている会社が、この予定利率を下げるために、営業職員に、保険の転換をうながしてきたふしがあるからです。

積み立てで貯蓄部分のある生命保険では、その貯蓄部分の運用を、あらかじめ契約者に約束します。これが予定利率ですが、この予定利率は、金利の低下に伴って、毎年下げられてきました。保険会社が、高い運用を約束できなくなってきたからです。

ところが、下がってきた低い予定利率が適用されるのは、新しく加入する保険から。昔の保険は、入った当時の高い予定利率のまま、満期を迎えることになります。終身保険で一定期間内に払い込みをしてしまうタイプなどは、一生涯、約束した高い予定利率で運用しなくてはならないことになります。そして、実際の運用利回りが、約束した運用利回りに追いつかない逆ザヤ現象に悩まされる生命保険会社が続出しました。

こうしたなかで、昔の古い契約を新しい契約に転換することで、同時に、高い予定利率を現在の低い予定利率に引き下げる方法として、転換制度が使われました。しかも、そこで予定利率が下がるということが加入者にしっかり理解されないままに、保険が転換されてしまうということがしばしば起こったのです。

典型的なケースは、「転換すれば、保険料は今と変わらずに、より高い保障がつけられます」という勧め方。保険料が今と変わらず、保障が高くなるというのは、**転換するときに下取りされるお金で高い保障を買うから**。もしくは、**貯蓄性のある保険を、掛け捨て部分の多い保険に転換**するから保障が増えるのでしょう。

生命保険会社にとっては、転換制度を使って、高い予定利率の保険を低い予定利率に置き換えられ、しかも保障が増やせるなら、経営にはプラスになるでしょう。また、営業職員にとっても、新規で保険契約を取ることが難しい昨今ですから、今ある保険を見直すだけで、新たに新規契約を取ったに等しいマージンがもらえるならいいでしょう。

ただ、問題は、加入者のなかで、本当に転換の意味を理解し、望んで転換した人がどれだけいたかということです。

転換する場合、保障は前よりも大きくなります。また、保険料もアップします。だとすれば、すでに**十分な保障を確保しているという人には、転換は必要ありません**。むしろ、子供が独立して親元を巣立ってしまった家庭などは、保険を減額したり、払い済み保険に変更して、保険料を安くすることを考えたいのではないかと思います。

ただ、今後は、転換についても、十分な説明と理解のもとでなければできないようになってきます。そうなると、この手のトラブルも減ることでしょう。

Q11
保険料を払えないときでも、保険を解約しないで済む方法はある？

A11
貯蓄性のある保険に加入しているなら、3つの方法があります。

リストラや給与カットで、家計が逼迫し、住宅ローンの負担が重なって、今までのように保険料を払い続けられないという家庭が出てきています。

そうなると、保険料の支払い負担が大きくなるので、とりあえず、今入っている保険をやめようかと考えます。

ただ、保険というのは、お金がたっぷりある家庭には必要ありませんが、**お金がない家庭ほど必要なものなのです**。というのも、保険は相互の助け合いですから、イザというときには、少ない保険料で大きな保障が得られるからです。

ですから、現在入っている保険を解約する前に、この保険で、当面、保険料を払わずに保険に入り続ける方法はないかを考えてみましょう。掛け捨ての保険だと無理ですが、積立お米を買うか、保険料を払うか？
迷わず、お米を買わなくちゃ！

部分があって、そこにある程度までお金が貯まっていれば、その**貯まっているお金を上手に使って、保険に加入し続けることができます**。

これには、３つの方法があります。

まず、保険期間は短くなりますが、同じ保障を得られる延長保険に変更する方法。そして、保障は低くなってしまいますが、保険期間は同じだけ確保できる払い済み保険にする方法。

延長保険とは、今入っている保険を解約したときの**解約返戻金をもとにして、同じ死亡保障が得られる定期保険に保険を変更するもの**。これだと、満期返戻金はなくなりますが、当面は掛け捨ての保障が得られます。ただし、延長保険の場合には、元の保険の保険期間を越えることができません。

払い済み保険とは、その名のとおり、**解約返戻金でこれから入る保険の保険料を払ってしまうもの**。今入っている保険の保険期間はそのままにして、より小型の保険に入り、その保険料を、**今入っている保険の解約返戻金で一括払いしてしまうの**です。

ただ、延長保険も払い済み保険も、変更可能な保険と変更できない保険があります。また、変更後の保険にも、制限が出てきます。さらに、変更後の保険には、各種特約をつけることができません。

最後は、**自動振替貸付制度を使う方法**。これは、解約返戻金の範囲内で、保険会社に保険料を自動立て替えしてもらう制度です。

イメージ的には、**今まで貯まっていた保険料のなかから、自動的に月々の保険料を引き落としていってもらう**というもの。ですから、今まで積み立ててきた部分を、徐々に取り崩していくことになります。かたちとしては、保険会社から借りているというかたちになるので、所定の金利もつきます。

ちなみに、掛け捨てで貯蓄部分のない保険に加入している人は、保険の猶予期間を上手に利用しましょう。

保険契約では、住宅ローンと違って、支払いが1日遅れたからといって担当者から矢の催促がくるというようなことはあまりありません。うっかりしていたとか、何らかの事情で保険料を支払えない人のために、**猶予期間を設けています**。月払いの場合には、振り込み月の翌月末まで、半年払いおよび年払いの契約は、支払い日の2カ月後まで（6月15日の支払いなら、8月15日まで）。その期間内に払い込めば、期日に払い込んだのと同じ扱いになりますし、もしこの猶予期間中に亡くなった場合には、保険金が支払われます。

基本的には、保険料が払えなくなったら、以上のことを検討してみるといいですが、保険会社や保険商品によって、できること、できないことがあります。詳しくは、保険会社の相談窓口で、自分のケースで相談してみましょう。

Q12

どうして、配当が出ない保険が出てくるの？

A12

高い予定利率の保険では、実際の運用が予定利率に追いつかず、配当が出ないのです。

生命保険には、現在、配当が出ない保険と出る保険とがあります。配当の出ない保険は、無配当保険と言って、最初から、配当が出ないという条件で、そのぶん払い込む保険料も安くなっています。

ところが、無配当保険なら、配当が出なくても当たり前ですが、**配当が出るはずの有配当の保険で、実際には配当が出ない**ということが起きています。

これは、いったい、どういうことなのでしょう?

通常、**配当と言われているのは毎年もらえる普通配当**のことで、普通配当は3つの要素から出ます。まず、**予想以上に死んだ人が少なく、**保険金の支払いに余剰が出たとき（死差益）。また、**予想よりも事業費がかからず、**そのぶんが余剰

運用がうまくいかなければ配当は出ない！

金となった場合（費差益）。そして、預かった**お金の運用が約束した運用率よりもよくて**、利益が出た場合（利差益）です。

この3つの要素の収支を出して、あらかじめ徴収した保険料と比較し、あらかじめ徴収した保険料のほうが多かったら、そのぶんが配当として戻されることになります。

医学も進歩し、年々、死亡率が下がっている今のような状況では、当然、死亡する人の数は、予想よりも低くなります。また、事業費についても、コンピュータ化されたり、経費節減が叫ばれるなかで、当然ながら、予定していた事業費よりも少なく済むケースが多くなります。

しかも、保険会社は、信用と安全を基盤に運営されるものですから、当然ながら間違っても保険料が不足することがないような計算をしています。ですから、1990年までは、配当は、出るのが当然でした。

ところが、**1991年から、配当の出ない保険が続出**。

原因は、**保険の貯蓄部分の運用が、予定どおりにいかず**に、マイナスになったからでした。

配当は、保険金の支払いが予定よりも少なくて済んだ場合、事業費が予定よりもかからなかった場合だけでなく、預かった保険料の運用がうまくいった場合にも出ます。ただ、この運用がうまくいかず、マイナスになった場合には、他のプラス部分と相殺されてしまいます。

保険料支払いのプラスや経費節減のプラスが、相殺されてしまうのです。そして、プラスをマイナスが越えてしまうと、配当は出ないことになります。

バブル崩壊後、１９９０年頃から、金利が急速に下がってきました。ところが、生命保険会社が約束した金利は、１９９３年3月までは、５・５％という高い金利を約束していました。しかも、養老保険や年金など、貯蓄性の高い保険を競争で集めまくっていたのです。保険では、加入時に約束した利回り（予定利率）が、最後まで適用されます。つまり、この時期に５・５％の運用を約束して加入した人に対しては、どんなに金利が低くなろうと、５・５％の利回りを出さなくてはいけないということです。

一般の金利が急激に低くなっていくなかで、５・５％の金利を約束するということは、当然ながら運用でマイナスが出てきます。配当が出るどころかマイナスとなり、これが他のプラス部分と相殺されて、配当ゼロという結果になったのです。

しかも、このマイナスが、配当ゼロだけでは吸収できず、**会社の経営をも圧迫して、最終的にこの逆ザヤと言われる現象のなかで、破綻する生命保険会社も出てきました。**

配当というのは、このくらい出るといった額が決まっているわけではありません。バブルの頃は、「このくらいは出るだろう」というような予想金額が、保険の設計書などにも書き込まれていて、実際にもらえると思っていた人も多く、トラブルが発生しました。

ただ、配当というのは、あくまでプラスα。最初から、あてにしないことです。

保険料 月or年）円	死亡保険金 円	入院給付金 （月額）円	その他

あなたの家族の生命保険をチェックしてみよう!

被保険者	保険名	生命保険 会社

[参考資料] 保障と経費の割合の目安(養老保険)

養老保険の月払保険料に占める保障・経費の例

(男性・期間10年・保険金1000万円に対して)

契約年齢	保険料	保障の保険料	経費の保険料	保障の割合	経費の割合
30歳	83710円	75190円	8520円	89.8%	10.1%
35歳	83900円	75360円	8540円	89.8%	10.1%
40歳	84240円	75680円	8560円	89.8%	10.1%
45歳	84800円	76190円	8610円	89.8%	10.1%
50歳	85720円	77040円	8680円	89.8%	10.1%

養老保険の月払保険料に占める保障・経費の例

(女性・期間10年・保険金1000万円に対して)

契約年齢	保険料	保障の保険料	経費の保険料	保障の割合	経費の割合
30歳	83540円	75030円	8510円	89.8%	10.1%
35歳	83690円	75170円	8520円	89.8%	10.1%
40歳	83900円	75360円	8540円	89.8%	10.1%
45歳	84200円	75640円	8560円	89.8%	10.1%
50歳	84620円	76020円	8600円	89.8%	10.1%

【前提条件】
多数派である漢字生保の5年利差配当付商品の計算基礎率により試算
契約年齢：保険年齢とした
予定死亡率：生保標準生命表1996修正死亡率
予定利率：2.15%
※割合の端数は切り捨てとした

[参考資料] 保障と経費の割合の目安（終身保険）

終身保険の月払い保険料に占める保障・経費の例
（男性・保険金1000万円・60歳払済に対して）

契約年齢	保険料	保障の保険料	経費の保険料	保障の割合	経費の割合
30歳	18710円	14370円	4340円	76.8%	23.1%
35歳	23110円	18190円	4920円	78.7%	21.2%
40歳	29720円	23930円	5790円	80.5%	19.4%
45歳	40450円	33430円	7020円	82.6%	17.3%
50歳	61590円	52130円	9460円	84.6%	15.3%

終身保険の月払い保険料に占める保障・経費の割合
（女性・保険金1000万円・60歳払済に対して）

契約年齢	保険料	保障の保険料	経費の保険料	保障の割合	経費の割合
30歳	16930円	12580円	4350円	74.3%	25.6%
35歳	20880円	15950円	4930円	76.3%	23.6%
40歳	26800円	20990円	5810円	78.3%	21.6%
45歳	36440円	29360円	7080円	80.5%	19.4%
50歳	55530円	45940円	9590円	82.7%	17.2%

【前提条件】
多数派である漢字生保の5年利差配当付商品の計算基礎率により試算
契約年齢：保険年齢とした
予定死亡率：生保標準生命表1996修正死亡率
予定利率：2.15%
※割合の端数は切り捨てとした

参考文献

『図説　日本の生命保険』二宮茂明著（財経詳報社）

『生保標準生命表１９９６』（社団法人日本アクチュアリー会）

『生命保険ファクトブック』（生命保険文化センター）

『医療保障ガイド』（生命保険文化センター）

著者紹介

荻原　博子（おぎわら・ひろこ）

1954年長野県生まれ。明治大学文学部卒。経済事務所勤務を経て、1982年にフリーとなり、以後、経済ジャーナリストとして、女性誌からビジネス誌、新聞、テレビなど幅広く活躍。バブル経済崩壊後の家計の建て直しをアドバイスしたり、国の財政投融資の矛盾を指摘、あるいはマンション価格の下落を早くから予測するなど、ビジネスマンから主婦層に至るまで幅広いファンを持つ。「シティバンクに気をつけろ！」「新版・生命保険は掛け捨てにしなさい！」（ダイヤモンド社）、「荻原博子の家計簿クリニック」（扶桑社）、「国からお金を取り戻す77の方法」（青春出版社）をはじめ、著書多数。

保険会社では絶対に教えてくれない

生命保険の原価

2000年6月15日　初版発行

著者／荻原博子

装丁／和田早苗（アートオフィス・プリズム）

印刷・製本／ダイヤモンドグラフィック社

発行所／ダイヤモンド社

〒150-8409　東京都渋谷区神宮前6-12-17

電話／03(5778)7233（編集）03(5778)7246（販売）

ISBN 4-478-600325